MONOGRAPHIE DES VINS DE CHAMPAGNE

J.-R. MOËT

ET SES SUCCESSEURS

Avec un Portrait & un Autographe

Deuxième édition, revue et augmentée.

Prix : 1 fr.

EPERNAY

Chez l'Auteur, 10, rue Flodoard.

REIMS

Chez LEMOINE-CANART, libraire.

JEAN-REMI MOËT

E.B. KIETZ *Pinxit.* M. LÉVY *Scripsit.*

JEAN MOËT-ROMONT

Lithographie V^{on} FIÉVET, Imprimeur, Epernay.

J.-R. MOËT

ET SES SUCCESSEURS

Avec Portrait et Autographe

———

Deuxième édition, revue et augmentée.

———

REIMS

BRISSART, LIBRAIRE,

RUE DU CADRAN-SAINT-PIERRE.

—

1867

Epernay. — Imp. V^{or} FIEVET.

PRÉFACE.

L'édition du premier volume de la *Monographie des vins de Champagne* a obtenu le succès que nous avions droit d'attendre du nom célèbre qui lui sert d'enseigne.

Tous nos compatriotes lettrés, tous les amis de notre belle province ont voulu connaître l'homme

actif, intelligent, dévoué, qui a
rendu la Champagne vinicole si
prospère et lui a donné le rang
qu'elle occupe dans le commerce
du Monde. Mais comme la critique,
même en face d'un succès, ne perd
jamais ses droits, on nous a repro-
ché d'avoir omis un détail biographique indispensable, et de n'avoir
pas parlé de ce blason que la famille Moët a le droit parfaitement
établi de voir mentionner dans son
histoire.

Nous avons été sensible au re-
proche, et déjà cette lacune a été
comblée dans la préface de notre
second petit livre. * — Or, puisque

* *Biographie de Mme veuve Clicquot.*
1 vol. in-32. — Paris, chez Dentu.

nous publions aujourd'hui une seconde édition du premier , nous croyons être agréable à nos lecteurs, en leur montrant que non-seulement la famille Moët , mais encore plusieurs autres familles de notre ville et de nos contrées, ont droit à l'écusson armorié.

Vers la fin du XVIIe siècle, Louis-François Lefèvre, seigneur de Caumartin , dédiant au roi Louis XIV un *procès-verbal de la recherche de la Noblesse de Champagne*, lui adressait les paroles suivantes, que nous copions sur le texte original :

« Il était aisé de prévoir, SIRE, qu'après avoir rétabli l'ordre dans les Finances, remis les Lois et la Justice dans leur force et dans leur pureté ; éteint la fureur des combats particuliers ; répri-

mé les violences dans les Provinces ;
rendu la Paix à l'Eglise et réuni les Théo-
logiens dans la défense commune de la
vérité ; réduit les grandes Armées à gar-
der les Lois d'une exacte discipline ; ré-
compensé les gens de Lettres, et relevé
la gloire de tous les beaux Arts, Votre
Majesté prendrait un soin particulier de
la Noblesse, et réglerait cette principale
partie de l'Etat, après avoir réformé
toutes les autres.

» Il était de la sagesse de Votre Majesté de séparer les véritables Nobles
d'avec ceux qui ne l'étaient pas ; de faire
un juste discernement des Titres d'une
possession légitime, d'avec une injuste
usurpation, des droits d'une naissance
illustre, d'avec les prétentions d'une
vanité mal fondée ; de ce qui est l'ouvrage de la Majesté du Prince ou de la
vertu des sujets, d'avec ce qui n'est
que l'ouvrage de l'ambition et de l'im-
posture. La Noblesse était la plus bril-

lante marque de la vertu ou militaire, ou civile, et la plus belle récompense qu'elle puisse trouver hors d'elle-même, il y aurait donc eu du désordre à laisser cette marque et cette récompense à des gens qui ne sauraient montrer dans toute leur Généalogie, aucune trace de cette vertu. »

Ce préambule sévère et même un peu brutal de M. de Caumartin, ne prouve-t-il pas combien ses recherches ont dû être scrupuleuses, et quelle confiance nos lecteurs doivent avoir dans l'authenticité des renseignements qui vont suivre ?

Voici par ordre alphabétique les illustres familles de nos contrées de la Champagne qui peuvent arborer le blason seigneurial et les armoiries héréditaires :

A

ARNOULT, originaire de Champagne.

François d'Arnoult, sieur de Salon, demeurant à l'Hermite, élection de Sézanne.

Anne le Gastelier, veuve de Lisander d'Arnoult, demeurant à Raday.

Alexandre d'Arnoult, Antoine et Alexis d'Arnoult.

Marie d'Arnoult, veuve de Louis de Brunetot, demeurant à Epernay.

D'argent au chevron de gueules, accompagné de 3 cœurs de même.

AUBELIN, originaire de Beauce.

Jacques Aubelin, sieur de Nuisement, demeurant à la Madelaine-lez-Vertus, et Nicolas Aubelin, seigneur de Cuperly, demeurant au Jardinet, élection de Châlons.

D'azur au chevron d'argent, accompagné en chef de 2 étoiles d'or, et en pointe d'une tête de cerf de même.

AUBERTIN (Christophe), officier au grenier à sel, élection de Sainte-Ménehould.

De gueules au lion d'or ; tenant une branche de laurier de sinople.

AUBERTIN (Anne), femme de Louis Hocart, écuyer, président au présidial, élection de Vitry-le-François.

De gueules à 3 roses d'argent.

D'AUBLIN, originaire de Champagne.
Guillaume d'Aublin, sieur de la Barre, demeurant à Roisy, élection de Reims.

D'argent à la bande de gueules, chargée de 3 besans d'or.

B

BARADAT, originaire de Navarre.
François de Baradat, seigneur de Damery, y demeurant , élection d'Epernay.

Gaspard , vicomte de Verneuil, y demeurant , même élection.

D'azur à la face d'or, accompagnée de 3 roses d'argent , 2 et 1.

LA BARGE , originaire de Champagne.

François de la Barge, seigneur de Vou-
grey, demeurant à Lantages, élection de Bar-
sur-Aube.

Et Jacob de la Barge, seigneur de Cham-
peaux et de Vandières, y demeurant, élection d'Epernay.

Jacob de la Barge, seigneur de Villers,
demeurant à Coïzard, élection de Châlons.

*D'argent à la bande de sable, accom-
pagnée en chef d'une couronne de même.*

BAUDIER, originaire de Champagne.
Antoine de Baudier, seigneur de Virginy,
y demeurant, élection de Reims.

*D'argent à 3 têtes de more de sable,
tortillées du champ.*

BEAUMONT, originaire de Champagne.
Charles-Claude de Beaumont, seigneur de
Saint-Etienne, vicomte de Chaumuzy.

Et François son frère.

*D'azur à l'écusson d'argent en abime à
la bande de gueule, brochant sur le tout.*

DU BELLAY, originaire de Champagne.
Salomon du Bellay, seigneur de Soizy-aux-
Bois.

Louis du Bellay, seigneur de Chevigny.

D'argent à la bande fuzelée de gueules, accompagnée de six fleurs de lys d'azur, 3 en chef posées, 2 et 1. Et 3 en pointes mises en bandes.

BERMONDES, originaire d'Espagne.

Hélène Godet, veuve de Louis de Bermondes, seigneur de Goncourt, y demeurant, élection de Troyes.

Charles et Hélène de Bermondes, ses enfants.

François de Bermondes, seigneur d'Ecrienne, y demeurant, élection de Vitry.

D'or à la croix tréflée de sinople, écartelé d'or, au lion de gueules, sur le tout de gueules à deux pals d'or chargés d'une face d'azur, surchargée de trois losanges du second.

BILLARD (Geoffroy), lieutenant particulier au bailliage de Vertus.

D'azur au chevron accompagné de 2 étoiles et d'une tête de lion, le tout d'or.

BILLECART (Pierre-Joseph), bourgeois, élection de Châlons.

D'azur à une face d'or, accompagnée de trois grappes de raisin d'argent en chef, et en pointe d'une levrette de même.

BILLECART (Gérard), chanoine de la cathédrale de Châlons.

D'azur à la face d'or, accompagnée de 3 raisins d'argent en chef et d'une levrette de même en pointe.

BILLET (Pierre), écuyer, conseiller, procureur du roi à Châlons.

Marie Billet, femme de Nicolas Parchappe des Noyers, seigneur de Vinay, bailly du présidial de Châlons.

D'azur au chevron d'argent, accompagné en chef de deux moulinets de même, emmanchés d'or, et une épée de même en pointe.

BILLET (Blanche), veuve de Philippe-Eugène Clozier, écuyer, seigneur de Soulières, secrétaire du roi.

D'argent à 3 arbres de sinople, 3 et 1, enfermés dans une orle de gueules.

LE BLANC, originaire de Champagne.

Etienne Le Blanc, seigneur de Cloix-sur-Marne, lieutenant général de Vitry, y demeurant.

D'or à l'aigle éployé de sable, coupé d'azur.

BOUCHER, originaire de Champagne.

René Boucher, seigneur de Richebourg et de Montlaurent, demeurant à Chardeny, élection de Rethel.

Jeanne de Cleves, veuve de René Boucher, seigneur d'Avanson, y demeurant, élection de Reims.

D'azur à trois étoiles d'or, au croissant d'argent posé en abime.

DE LA BOULAYE, écuyer, seigneur du Bois de l'Or.

D'azur à la croix d'argent.

BRULART, originaire de Bourgogne.

Louis Brulart, marquis de Sillery, y demeurant, élection de Reims.

De gueules à la bande d'or, chargée d'une traînée de sable, accompagnée de 5 barillets de même.

BRUNE, originaire du Gâtinais.

Henri de Brune, seigneur de la Borde, demeurant à l'Etang - Claudin, paroisse de Montmort, élection d'Epernay.

D'azur au chevron d'or, accompagné en chef de deux étoiles, et en pointe d'une hure de sanglier de même.

LA BRUYÈRE, originaire de Champagne.

Christophe de la Bruyère, seigneur de Caumont, demeurant à Belval, élection d'Epernay.

François, Alexandre, Robert et Jean de la Bruyère, ses enfants, demeurant audit Belval.

D'azur au lion d'or accompagné de 3 mouchetures d'hermine, 2 et 1.

C

CAMUSET (Nicolas), veuve de Pierre Charuel, bourgeois, élection d'Epernay.

Facé d'argent et de gueules de 6 pièces.

CAUMONT, originaire de Champagne.

Charles-François de Caumont, seigneur de Mutry, demeurant à Fontaine, élec. d'Epernay.

Antoine de Caumont, seigneur de Sauseuil.

Jacques de Caumont, seigneur d'Aire.

Marie de la Rivière, veuve de Valentin de Caumont.

Jean de Caumont, sieur de Neufmaison.

D'azur à une roue d'or.

LE CERF, originaire de Champagne.

Nicolas Le Cerf, sieur de Prosne, qui a fait sa généalogie séparée de celle de Jean le Cerf, seigneur de Cramant, demeurant à Cuis, élection d'Epernay, qui a fait encore une généalogie séparée de celle de Jean le Cerf, sieur de Cramant et d'Athis.

D'azur au chevron d'or, accompagné de 3 étoiles de même.

CHAMISSOT, originaire de Lorraine.

Elisabeth d'Y, veuve de Jean de Chamissot, seigneur de Sivry.

Robert de Chamissot, son fils, seigneur dudit lieu, y demeurant, élection de Châlons.

D'argent à 5 trèfles posés en sautoir de sable, au chef, et deux mains dextre et sénestre renversées de même, posées en pointe.

CHAMPIGNY, originaire de Champagne.

Antoine de Champigny, seigneur de Balignicourt, demeurant à Humbigny, élection de Bar-sur-Aube.

D'azur à la croix d'argent cantonnée au premier canton d'un croissant de même.

DES CHAMPS, originaire de Champagne.

Louis des Champs, marquis de Marcilly, lieutenant général des armées du roi.

Armand des Champs, vicomte de Marcilly, capitaine du château de Madrid et varenne du Louvre.

Antoine des Champs, chevalier de Malte.

Marie des Champs de Marcilly, demeurant audit Marcilly, élection de Sézanne.

D'or à 3 chevrons de sable, accompagnés de 3 annelets de même.

DES CHAMPS, originaire de Champagne.

Jean des Champs, sieur de Riel-Dessus, demeurant à Charmoy, élect. de Bar-sur-Aube.

D'azur à 3 chardons d'or.

CHANDON, originaire du Lionnais.

Claude-Geoffroy de Chandon Briailles, seigneur de Lanques, y demeurant, élection de Chaumont.

D'argent à la face de gueules, accompagnée de 3 trèfles de sable.

CHANDON, branche du Mâconnais.

D'or à la face de gueules denchée de sable, accompagnée de 3 trèfles de sable.

CHANLAIRE (Gilles), seigneur de Chemery, garçon des chiens courants de la grande louveterie.

D'or à une foi de carnation, parée d'azur, supportant un cœur enflammé de gueules, adextrée d'une épée de sable en pal, et sénestrée en chef d'une étoile de même.

CHANTELOU, originaire de Champagne.

Elisabeth de Budé, veuve de François de Chantelou, seigneur de Coupigny.

Charles et Louis de Chantelou, seigneurs dudit Coupigny, y demeurant, élec. d'Epernay.

D'or au loup de sable, accompagné de 3 tourteaux de gueules.

CHARTOGNE, originaire de Champagne.

Jean de Chartogne, vicomte de Pernan, demeurant à Montigny, élection de Rethel,

Claude, seigneur de la Folie et Bretoncourt,

Jean-François, seigneur de Tourteron, demeurant à la Folie, qui ont fait une généalogie séparée de celle de Philippe-François de Chartogne, seigneur de Neufvizy.

Christophe-Antoine de Chartogne.

Charles-Jean et Tristan-Louis, demeurant à Vieil-St-Remi, élection de Rethel.

François, seigneur de Vauzelles et Magneux, y demeurant, élection de Reims.

De gueules à 5 anneaux posés en sautoir d'or.

CHARTON (Jacques), conseiller d'honneur au présidial, élection de Châlons.

D'azur à la rose d'argent, tigée et feuillée d'or.

CHARUEL (Jean), avocat.

Nicolas Charuel, bourgeois d'Epernay.

D'azur au chevron d'or, accompagné de 3 massacres de même.

CHERTEMPS, originaire de Champagne.

Pierre Chertemps, sieur du Mousset, trésorier de France.

Philippe Chertemps.

Nicolas Chertemps, commissaire des vivres.

Marie Goujon, veuve de René Chertemps, seigneur de Bergères et Vaux.

Charles, son fils, tous demeurant à Reims.

D'azur à la face d'or accompagnée en chef de 3 étoiles, et en pointe d'un croissant de même.

CLÉMENT (Nicole), veuve d'Hyacinthe Cadet, procureur du roi en l'élection de Vitry.

D'azur à la face haussée d'argent, surmontée de 3 étoiles d'or, soutenue d'une demi-croix de chevalier de même (armes du mari).

COCHET, originaire de Picardie.

Eléonore de Blois, veuve de Charles de Cochet, seigneur de Marchelles, demeurant à Saint-Ferjeux, élection de Troyes.

De gueules au chevron d'argent, chargé de 5 mouchetures d'hermine, accompagné en chef de 2 molettes à 8 rais d'or, et en pointe d'une hure de sanglier de

*sable, défendue d'argent, surmontée
d'une molette à 8 rais d'or.*

COCQUART (Nicolas), l'un des 200 gen-
tilshommes ordinaires du roi.

Anne Coquart, veuve de Claude Deya,
avocat du roi.

*D'or au sautoir de gueules, accompa-
gné de 3 roses de même, 2 aux flancs et
une en pointe, et au chef d'azur, chargé
d'une étoile d'argent.*

COCQUART (Anne), fille majeure.

*D'azur au chevron d'or, accompagné
de 3 besans d'argent.*

COLIGNY, originaire de Bourgogne.
Joachim de Coligny, marquis de Crecia,
demeurant à Damery, élection d'Epernay.

*De gueules à l'aigle d'argent, membrée,
becquée, et couronnée d'azur.*

COLLET (Augustin), notaire à Epernay.
Philippe Collet, avocat.

De gueules au lion d'or.

LE CORDELIER, originaire d'Artois.
Jacques le Cordelier, seigneur de Chene-

vières et Verneuil, y demeurant, élection d'Epernay.

D'azur à 2 gerbes d'or au franc quartier d'argent, chargé d'un lion de sable.

COUSSY, originaire d'Artois.

Pierre de Coussy, sieur d'Ogny.

Nicolas de Coussy, sieur de Leuvrigny.

François et Antoine de Coussy, demeurant à Tours-sur-Marne, et Pierre de Coussy, sieur de Velye, demeurant à Bisseuil, élection d'Epernay.

D'argent bordé de gueules, et un rebord de sable, 6 hermines de même, 3 en chef, 2 et 1.

CUISSOTTE, originaire de Champagne.

Nicolas de Cuissotte, seigneur de Gizaucourt, conseiller d'état ordinaire.

Madeleine Cuissotte, veuve de Gilles Le Dieu, conseiller au présidial.

D'or à la bande d'azur, chargée de 3 alérions d'argent; écartelé de gueules, à l'Aigle d'or, sur le tout d'azur au chevron d'argent, accompagné de 3 bezans d'or.

D

DALLE, originaire de Champagne.

Charles de Dalle, seigneur de Ballay, y demeurant, élection de Rethel.

Bandé d'or et de gueules de 8 pièces ; coupé de gueules à 3 membres à Aigles d'or.

DARNOULT (Antoine), écuyer, seigneur de Fleury-la-Rivière, élection d'Epernay.

D'argent au chevron de gueules, accompagné de 3 cœurs de même.

LE DIEU (Antoine), conseiller et procureur du roi au dépôt des sels, élect. de Châlons.

D'azur au pélican avec ses petits dans un nid d'argent, surmonté en chef de 2 étoiles de même.

LE DIEU (François-Robert), chevalier, élection d'Epernay.

D'azur au chevron d'argent, accompagné de 3 glands d'or.

LE DIEU (Antoiné), curé d'Avenay.

D'azur au pélican d'argent, dans son aire avec sa piété; au chef d'argent chargé de 2 étoiles de gueules.

DORTU (Jean-Jacques), lieutenant des eaux et forêts.

D'azur au chevron d'argent, accompagné de 2 étoiles de même et un croissant d'or.

DROUART, originaire de Champagne. Daniel Drouart, seigneur de Vandières, y demeurant, élection d'Epernay.

De gueules à 3 membres de griffon d'or au chef de même.

DUBOIS (Joseph), chanoine de la cathédrale de Châlons.

De sable au cor d'or en chef, et en pointe au lévrier courant d'argent.

F

FAGNIER (Claude), veuve de Thierry Fa-

gnier, écuyer, secrétaire du roi, élection
d'Epernay.

François-Joseph Fagnier, recev. des tailles.

Pierre Fagnier, seigneur de Sivry, receveur des tailles.

*D'azur au chevron d'or chargé de deux
lions affrontés de gueules, accompagné
de 3 molettes d'or.*

LE FEBVRE, originaire de Champagne.

Jacques le Febvre, seigneur de la Planche,
lieutenant général à Troyes.

Jean le Febvre, seigneur de Montgaon.

Christophe le Febvre, seigneur des Che-
valiers, lieutenant criminel à Troyes ; et
Denize le Febvre, leur sœur ;

Nicolas le Febvre, maître des eaux et forêts audit Troyes.

*D'azur à 3 pals d'or, celui du milieu
chargé de 3 roses de gueules.*

LE FÈVRE, originaire de Champagne.

Abraham le Fèvre de Cormont, seigneur
de Nuizement, demeurant aux Essarts, élection de Sézanne, qui a fait une généalogie
séparée de celle de

Antoine le Fèvre, sieur des Bordes, y demeurant, même élection.

Marie, Rachel, Théodore, Sophie, Suzanne et Analbertine le Fèvre, ses sœurs.

D'azur à 3 croix pattées d'or.

FOUGÈRE, originaire de Provence.

Philippe-César de Fougère, seigneur d'Oré, y demeurant, élection de Reims.

De gueules au chevron d'argent, accompagné en pointe d'un brin de fougère d'or.

G

DE GILLET, originaire de Champagne.

Marie de Pouilly, veuve de Philippe de Gillet, seigneur de la Mairy et de Sivry; et

Jean de Gillet, son fils, demeurant audit Sivry, élection de Reims.

D'azur à une tour d'argent, surmontée de 2 croissants de même.

GILLET (François), assesseur à la maréchaussée, élection de Vitry-le-François.

Daniel Gillet, capitaine de la bourgeoisie.

D'argent à 2 épées d'argent, en sautoir, pointes en bas, accompagnées de 3 étoiles d'or et un croissant d'argent en pointe.

GILLET (Pierre), président des traites foraines, élection de Vitry-le-François.

D'or à la grappe tigée et feuillée de sinople, mouvant du chef, accoté de deux étoiles d'argent, becquetée par 2 merles affrontés de sable, posés sur une terrasse de gueules.

GODART, conseiller au bailliage, élection de Vitry-le-François.

D'azur au chevron haussé d'argent, accompagné de 2 étoiles, et en pointe une gerbe d'or, sur laquelle est perché un ramier d'or.

GODET, originaire de Champagne.
Jacques Godet, seigneur de la Grand'Maison, demeurant à St-Julien, élect. d'Epernay.
Charles Godet, seigneur de Vadenay, y demeurant, élection de Châlons; et
Philbert Godet, son frère.

Henri Godet, vicomte de Soudé.

François Godet de Soudé, seigneur de Bouzy et Thoult-sur-Marne.

Joachim-Louis Godet de Soudé, seigneur de Villesavoye.

Antoine Godet, sieur d'Aulnay-sur-Marne, y demeurant.

Jean Godet, seigneur de Crouy.

Claude Godet, seigneur dudit lieu, et vicomte de Villiers-aux-Neufs.

Charles et Gaspard Godet, seigneurs de Chamery.

Jeanne le Grand de Marcheville, veuve de Jean Godet, seigneur de Faremont, y demeurant, élection d'Epernay; et Jean Godet, son fils.

D'azur au chevron d'argent, accompagné de 3 pommes de pin d'or.

GODINOT (Jacques), procureur à Châtillon, élection d'Epernay.

De gueules à 3 croix recroisettées d'or.

GONDRECOURT, origin. de Champagne.
Claude de Gondrecourt, seigneur de Colombé-la-Fosse, président à Chaumont.

De sable au lion d'argent, armé et lam-
passé de gueules.

DE GONDRECOURT (Jean), orfèvre,
élection de Vitry-le-François.

D'azur au chevron d'or, sommé d'une
houppe de faucon de même, accompagnée
de 3 molettes d'or, celle de la pointe,
surmontée d'un chicot à 3 feuilles, sur le-
quel est perchée une perdrix aussi d'or.

GOUJON, originaire de Champagne.
Hierosme de Goujon, seigneur de Thuisy,
demeurant audit lieu, élection de Reims.
Hierosme - Ignace de Goujon de Thuisy,
maître des requêtes.

D'azur au chevron d'or, accompagné
de 3 losanges de même : Ecartelé de **Thui-**
sy, *qui porte de gueules, au sautoir en-*
grêlé d'or, cantonné de 4 fleurs de lys
d'argent.

GUILLAUME, originaire de Brie.
Daniel Guillaume, sieur de la Plante et de
Courcelles, paroisse de Corribert, élection
d'Epernay.

D'or au loup passant de gueules, à la face ondée d'azur, mise en chef.

GUIOT (Pierre), tanneur, élection de Châlons-sur-Marne.

D'azur à un tour d'argent, surmonté de 2 étoiles d'or.

GUYOT (Bonaventure), veuve de Claude de Dommartin.

D'azur à 3 moulinets d'argent.

GUYOT (Pierre) le jeune, ex-consul.

De sable en sautoir d'or.

H

HAUDOUIN, originaire d'Anjou.

Robert et Charles de Haudouin, sieurs de Spilly, y demeurant, élection de Reims, qui ont fait leur généalogie séparée de celle de

Abraham de Haudouin, sieur et vicomte de Passy-sous-Grigny, y demeurant, élection d'Epernay.

De gueules au chevron d'or, accompa-

gné *de* 3 *têtes d'hommes à longs cheveux de sable, les faces contournées à la droite, serrées d'un bandeau de même.*

HÉDOUVILLE, originaire de l'Ile-de-France.

Ferdinand de Hédouville, seigneur de Merval et Sapigneul, y demeurant.

Louis de Hédouville, seigneur de Godart, demeurant à Reims.

Eléonore de Valons, veuve de Michel de Hédouville, demeurant à Minecourt, élection de Vitry.

D'or, au chef d'azur, chargé d'un lion léopardé d'argent, lampassé de gueules.

L'HOSPITAL, originaire de Champagne.

Jean de l'Hospital, sieur du Castel, demeurant à Plivot, élection d'Epernay.

Philippe de l'Hospital, sieur de la Chapelle, demeurant à Châlons.

D'or au chevron d'azur, accompagné de 3 écrevisses de gueules.

J

JACQUESSON, élection de Châlons.
Quentin Jacquesson, marchand.

D'azur à deux bourdons en sautoir, accompagnés en chef d'une étoile et en pointe d'une cloche, le tout d'or.

JACQUESSON (Remy), marchand et receveur en l'hôtel-de-ville.

De gueules en sautoir d'argent.

JACQUESSON DE MAFFRÉCOURT (Paul), marchand.

De gueules au chevron d'argent, accompagné de 3 cloches de même.

JACQUESSON (Louis), grainetier au grenier à sel, élection de Sainte-Ménehould.

D'azur au chevron d'or, accompagné de 2 coquilles et d'une cloche d'argent, celle-ci bataillée de gueules.

JACQUINET (Martin), curé de Recy, élection de Châlons.

De sable à 3 croix au pied fiché d'or.

L

LAMBERT (Pierre), seigneur de Beaurepaire, commissaire aux revues à Dormans, élection d'Epernay.

D'azur au chevron d'or, accompagné de 2 croissants soutenus d'une épée d'argent, et d'un cygne de même.

LANTAGE, originaire de Bourgogne.
Jacques de Lantage, seigneur de Feligny.

De gueules, à la croix d'or; écartelée d'azur, au fer de moulin d'argent.

LASSON (Daniel), médecin, élection de Châlons.

D'azur à 2 épées d'argent en sautoir, pointes en bas; à la tête de maure de sable, tortillée d'argent en pointe.

LASSON (Louis), curé de Congy.

D'azur à la face d'or, accompagnée de 3 croisettes de même.

LECLERC (Jean), écuyer, seigneur de Morains, élection de Châlons.

D'or au chevron d'azur, accompagné de 3 gueules, tigées de sinople, 2 et 1.

L'ECUYER (Pierre), écuyer, conseiller du roi, premier lieutenant en la maréchaussée.

D'azur au chevron d'or, accompagné en pointe d'un croissant d'argent, et en chef d'or, chargé de 3 molettes à 6 pointes de gueules.

LEIGNER, originaire de Champagne.

Gilles de Leigner, seigr d'Inaumont, demeurant à Chaumont sous Bourg, élect. de Rethel.

Christophe-Antoine et Valentine de Leigner, enfants de Nicolas de Leigner et de Catherine de Launois, demeurant audit Inaumont.

Elisabeth de Leigner, dame d'Arnicourt, y demeurant, élection de Reims.

Georges de Leigner, seigneur de l'Estannes, et Blanche de Leigner, sa sœur.

D'argent à 3 merlettes de sable.

LOISSON (Marguerite), veuve de André Lallemant, élection de Châlons. (Loisson de Guinaumont, xvie siècle).

D'azur à 3 bandes d'or et un chef de sable chargé de 3 molettes d'or.

LORINET (Benoît) , lieutenant de bourgeoisie, élection de Châlons.

D'azur en sautoir d'or.

DE LOUVAIN (Arthur), élect. d'Epernay.

D'azur à l'aigle d'argent.

LOYAL (Benoît), cabaretier à Châtillon , élection d'Epernay.

D'or à 3 pals de sinople.

M

MALVAL , originaire de Champagne.
François de Malval , seigneur de la Malmaison.

D'azur à la face d'argent, chargée de 3 étoiles de sable, surmontée d'un lion d'or.

MAUCOURANT, élect. de Ste-Ménehould.
Louis Maucourant, conseiller au bailliage.
Louis Maucourant, conseiller à l'hôtel-de-ville, avocat.

D'azur au château couvert d'or, crénelé et maçonné de sable, girouetté d'ar-

gent ; *au chef de même , chargé de deux
hures affrontées de sable , défendues d'argent, le boutoir de gueules.*

MAUPIN (Jean), greffier des rôles, élection d'Epernay.

Losangé d'argent et d'azur.

LE MIRE, originaire de Bourgogne.

Louis le Mire , sieur de Courtille , demeurant à Champignolles, élect. de Bar-sur-Aube.

*D'azur, au chevron d'argent , accom-
pagné de trois pommes de pin , d'or.*

MOET, originaire de Champagne.

Jean Moët, seigneur de Brouillet et d'Ugny,
conseiller au présidial de Reims.

Nicolas, Jacques et Jean Moët, ses enfants,
demeurant à Reims.

Thierry Moët, seigneur de Bronville et de
Recy, y demeurant, élection de Châlons.

Jacques Moët, demeurant à Reims.

Marie Noël, veuve de César Moët, sieur de
la Fortemaison, et Scipion Moët son fils, demeurant à Pierry, élection d'Epernay.

*De gueules à deux lions adossés d'or,
les têtes contournées.*

MONTIGNY, originaire de Champagne.

François de Montigny, seigneur de Cramoisel, demeurant à Savigny, élect. de Reims ; et

Jeanne de Montigny, veuve d'Antoine de Champagne, seigneur de Neuvy, y demeurant, élection de Sézanne, qui ont fait une généalogie séparée de celle de

Roland et Charles de Montigny, seigneur de Violaine, demeurant à Châtillon, élection d'Epernay.

Semé de France au lion naissant d'argent.

MOREAU (Pierre), notaire à Châtillon, élection d'Epernay.

D'argent à 3 têtes de maure de sable, bandées d'argent.

N

NOIREFONTAINE, orig. de Champagne.

Robert de Noirefontaine, seigneur du Buisson, demeurant à Ecrienne, élection de Vitry.

Jeanne de Noirefontaine, seigneur du Buisson, même élection.

Anne et Claude de Noirefontaine.
De gueules à 3 étriers d'or.

DE LA NOUE, originaire de Brie.

Louis de la Noue, seigneur dudit lieu, y demeurant, élection de Sézanne, qui a fait sa généalogie séparée de celle de

Hector de la Noue, seigneur de la Forest ; Madeleine et Marie de la Noue, ses sœurs, demeurant à Esternay, élection de Sézanne, qui ont encore fait une généalogie séparée de celle de

Joachim de la Noue, demeurant à Beurville, élection de Bar-sur-Aube.

Losangé d'argent et d'azur.

O

OUDAN, originaire de Champagne.

Jean et Nicolas Oudan, seigneur de la Cressonnière, demeurant à Damery, él. d'Epernay.

D'azur au chevron d'or, accompagné de 2 roses en chef, et d'un lion de même en pointe.

P

PARCHAPPE, originaire de Champagne.

Louis Parchappe, président à l'élection d'Epernay.

Pierre Parchappe, sieur des Corests.

François Parchappe, sieur des Noyers, élu à Epernay.

Nicolas Parchappe des Noyers, chevalier, seigneur de Vinay, bailli de Châlons, élection de Châlons.

Jean Parchappe, ancien avocat du roi au bailliage, élection d'Epernay.

Christine Parchappe, veuve de François Parchappe, écuyer, seigneur des Noyers, élection d'Epernay.

François Parchappe, écuyer, lieutenant criminel à l'élection.

Jacques Parchappe, écuyer, capitaine au régiment de Grandpré, élection de Vitry.

(Famille anoblie par Henri IV.)

D'azur au chevron d'or, accompagné de 3 colombes d'argent, becquées et onglées de gueules.

PARIS, originaire de Champagne.

François de Paris, seigneur de Forfery, élection de Sézanne.

D'azur, à la tour d'or, surmontée d'un lambel de même, chargée de 3 roses du champ.

PARIS, originaire de Champagne.

Nicolas de Paris, seigneur de Muire.

Remy de Paris, seigneur du Pasquier, demeurant à Reims.

Philippe-Hierosme de Paris, seigneur de Saint-Fraize, demeurant à Branscourt, élection de Reims.

De gueules au sautoir dentelé d'or, accompagné de 2 quintes-feuilles, l'une en chef et l'autre en pointe, côtoyé de besans de même.

PARIS (Antoine), conseiller du roi au présidial, élection de Châlons.

Jérôme Paris, même élection.

D'azur à 2 plumes d'argent en palme.

PARIS (Marie), veuve de François Fleury, greffier en chef du bureau des finances.

D'azur à 3 croix fleuronnées, haussées

www.ingramcontent.com/pod-product-compliance
Lightning Source LLC
Chambersburg PA
CBHW072228270326
41930CB00010B/2035

au pied fiché d'or, surmonté d'une étoile de même.

PARIS (Nicolas), bourgeois, élection de Châlons.

D'azur à 2 panaches d'argent, adossés, liés ensemble d'un ruban de gueules.

PARIS (Siméon), commissaire aux revues, élection de Sézanne.

De gueules à la bande d'or, chargée d'un lion de sable.

PATENOTRE (Antoine), bourgeois de Fère-Champenoise, élection d'Epernay.

D'or à la bande componnée d'argent et de sable.

DE PAYEN (Pierre), écuyer, seigneur de Fleury, élection d'Epernay.

Marie de Payen, fille, même élection.

De gueules au chevron d'or, accompagné en chef de 2 croissants d'argent.

PAYEN (Claude), exempt de la maréchaussée, élection de Vitry-le-François.

D'azur au chevron haussé d'or, accompagné de 2 étoiles et une gerbe d'or.

PAYEN (François), avocat du roi à la prévôté, élection de Vitry-le-François.

D'or à 5 faces de gueules, flanquées d'azur.

PERIGNON (Nicolas), marchand, élection de Châlons.

De gueules à la bande d'argent, chargée de 3 tourteaux de sable.

PINTEVILLE, originaire de Lorraine.

Jean de Pinteville, seigneur de Montcetz et la Motte.

Claude de Pinteville, seigneur de Vaugency.

Pierre de Pinteville, seigneur de Cernon.

Jacob de Pinteville, garde-du-corps du roi.

Gilles et Jean de Pinteville, demeurant à Châlons.

Jean-Baptiste de Pinteville de Vaugency, écuyer, seigneur de Vaugency, ancien lieutenant général au présidial de Châlons, élection de Châlons.

D'argent au sautoir de sable, chargé d'un lion d'or, brochant sur le tout, armé et lampassé de gueules.

PIOT dit SUVÊNE (Jean), hôtellier, élection de Sainte-Ménehould.

D'or à la pie, au naturel, sur une terrasse de sinople, accompagnée en chef de 2 annelets de gueules.

LA PLANQUE, originaire de Champagne.
François de la Planque, sieur de la Crouillière, demeurant à Champvoisy, él. d'Epernay.
D'azur au lion d'or.

DU PONT (Henri), marchand de graines, élection de Châlons.

D'argent au pont de 3 arches d'azur, maçonné de sable, sur le milieu duquel est perché un duc de gueules.

DE PONSORT *(Charles), écuyer, seigneur de Vaux-le-Mouron, élection de Ste-Ménehould.

De gueules au chevron d'or, accompagné en pointe d'un lion de même.

DE POUILLY (César), chevalier, seigneur de Fléville, élection de Sainte-Ménehould.

Charles de Pouilly, seigneur de Launay, même élection.

---

* Baron de Ponsort. Existe encore.

*D'argent au lion d'azur, armé et lam-
passé de gueules.*

R.

RAINCOURT, originaire de Champagne.
Charles de Raincourt, sieur de Balevre,
y demeurant, élection de Rethel.

*De gueules à la croix d'or, cantonnée
de 8 billettes de même.*

ROGER (François), curé de Bannes, élection de Châlons.

*D'or à la face de gueules, accompagnée
de 3 roses de même.*

LA ROUERE, originaire d'Italie.
Gaspard de la Rouere, seigneur de Charmoy, demeurant à Feligny, élect. d'Epernay.

*D'argent à la croix ancrée de sable et
losangée.*

S

SAINT-BELIN, originaire de Champagne.

Gabriel de Saint-Belin , comte de Biesles.

Marie Canelle, veuve de Nicolas de Saint-Belin , seigneur de Vaudremont ; et

Charles de Saint-Belin , son fils.

D'azur à 3 têtes de bélier, d'argent.

DE SAINT-GOND (Madeleine) , veuve de François de Geps , chevalier, seigneur de Flaugny, élection de Sézanne.

D'argent à la face de gueules , accompagnée de 3 coquilles de sable.

SAINT-VINCENT, originaire de Basque.

Jean de St-Vincent l'aîné, sr de Lestannes.

Jean de Saint-Vincent le jeune, sieur de la Neuville.

Henry de Saint-Vincent , sieur de Pouilly.

François de St-Vincent, sieur de Vincy; et

Marie de Saint-Vincent , demeurant à Lestannes, élection de Reims.

D'azur au lion d'or.

SAVIGNY, originaire de Lorraine.

Antoine-Saladin d'Anglure du Bellay de Sevigny, comte d'Etoges.

Marc-Antoine-Saladin d'Anglure du Bellay de Savigny, marquis du Bellay.

Charles-Nicolas d'Anglure de Braux de Savigny, marquis et baron d'Anglure.

Claude - François d'Anglure de Savigny, reçu chevalier de Malte, demeurant à Etoges, élection de Châlons.

Écartelé au 1. d'ANGLURE, d'or semé de grillots d'argent, soutenus de croissants de gueules. Au 2. DE SAVIGNY, de gueules à 3 lions couronnés d'or. Au 3. DE CHATILLON-SUR-MARNE, de gueules à 3 pals de vair, au chef d'or, chargé d'une merlette de sable. Et au 4. DU BELLAY D'ANJOU, d'argent à la bande fuselée de gueules, accompagnée de 6 fleurs de lys d'azur mises en orle.

SAVIGNY, originaire de Champagne.

Antoine de Savigny, seigneur dudit lieu, élection de Rethel; et Philibert, son frère.

Gironné de 12 pièces d'azur et d'or, à l'écusson en abime de gueules, chargé d'une bande en devise d'hermines.

STRAPART (Augustin), bourgeois, élection de Châlons.

D'or semé de croisettes de sable, au lion d'argent brochant.

T

THELIN, originaire d'Auvergne.

Gabriel de Thelin, seigneur de Gumont, y demeurant, élection de Vitry.

D'azur, au chevron d'or, accompagné de 3 plantes de lin au naturel.

THIRION (Jérôme), bourgeois et ex-consul, élection de Châlons.

D'argent à la bande de gueules, accompagnée de 3 trèfles de sinople.

THIERRY DE LA FOUASSE (Jean-Baptiste), curé de Saint-Martin-d'Ablois, élection d'Epernay.

D'argent au chevron d'azur, accompagné en chef de deux étoiles de même et en pointe de 2 croissants affrontés, entrelacés de gueules, surmonté d'un bonnet carré de sable.

THOMASSIN, originaire de Champagne.

Nicolas Thomassin, sieur de Fresdeau, bailly de Joinville, y demeurant, élec. de Vitry.

François Thomassin, son fils.

Anne Thomassin, veuve de René le Clerc, sieur de la Mothe, demeurant à Joinville.

Perrin Thomassin, sieur de Maizières, y demeurant; et

Jean-Baptiste Thomassin, sieur de la Neuf-velle, demeurant à Joinville.

D'argent, au pin de sinople, surmonté d'une merlette de sable.

V

VARNIER (Suzanne), veuve de Jean Blondel, élection de Châlons.

D'azur à l'étoile d'or, coupé d'argent à 3 faces de gueules.

VARNIER (Louis), écuyer, seigneur de Tournizet, Goncourt, élection de Vitry.

D'azur au chevron d'argent, accompagné de 2 étoiles d'argent et un lion d'or, lanipassé et armé de gueules.

VARNIER (Jacob), médecin, élection de Vitry-lé-François.

D'azur au chevron d'argent, accompa-

gné de 3 roses d'or, en chef et d'un coq
d'or en pointe.

VARNIER (Anne), veuve de Benjamin
Hulon, bourgeois, élect. de Vitry-le-François.

D'azur à 3 trèfles d'or.

VAUDREY, originaire de Bourgogne.
Charles-Louis-Anne de Vaudrey, marquis
de Saint-Phalle, y demeurant, élect. de Troyes.

Emmanché de gueules et d'argent.

VERNEUIL, originaire de Champagne.
Gaspard de Verneuil, seigneur du Plessis
et d'Orcont.

Nicolas, Jean, Edmée et Louise de Verneuil, demeurant à Orcont, élection de Vitry.

Elisabeth Peley, veuve de Sébastien de
Verneuil, et Sébastien, son fils, demeurant à
Saint-Nabor, élection de Troyes.

D'azur au lion d'or, couronné et armé
de gueules.

VIGNOLLES, originaire de Soissonnais.
Antoine de Vignolles, sieur d'Hursel, demeurant à Cruny, élection de Reims.

Jean, sieur de S.-Mars, demeurant à Selles.
élection de Rethel.

D'azur à la bande d'argent, chargée de 3 coquilles d'or.

DE VILLELONGUE (Jean), écuyer, seigneur de Guignicourt, élection de Châlons.

Écartelé d'or au loup de sable et d'azur à la gerbe d'or.

VILLELONGUE, origin. de Champagne.

François de Villelongue, prêtre, chanoine et doyen de l'église collégiale de Saint-Pierre de Mézières, y demeurant,

Jean de Villelongue, seigneur de Guignicourt, demeurant à Nouvion, élect. de Rethel,

Pierre de Villelongue, sieur de Vantelet, y demeurant, élection de Reims,

Antoine de Villelongue, seigneur de Nouvion, y demeurant, élection de Rethel, qui ont fait leur généalogie séparée de celle de

Jean de Villelongue, sieur de Remilly, demeurant à Wassigny, élection de Reims, qui a encore fait sa généalogie séparée de celle de

Pierre de Villelongue, seigneur de Chevrières, demeurant à Saint-Martin près Nouvy-les-Moines, élection de Rethel.

Et Jean, son frère, demeurant à Arnicourt.

Henri, sieur de Monchoüet, y demeurant, élection dudit Rethel.

Ecartelé au 1 et 4 d'argent, au loup de sable. Au 2 et 3 d'azur à la gerbe d'or.

Et outre les dénommés ci-dessus, qui nous ont produit leurs généalogies imprimées, nous aurions encore déclaré nobles les dénommés ci-après :

D'ANGLAS.
Antoine et Alexandre d'Anglas, frères, sieurs de Boifray, demeurant à Bailleux, élection d'Epernay.

D'or, au levrier de sable, accolé d'argent.

GUERIN, originaire de Bretagne.
Jean de Guerin, seigneur de Champvoisy, y demeurant, élection d'Epernay.

Jean de Guerin, seigneur de Bruslard, demeurant à Igny-le-Jard.

Et Gaspard de Guerin, seigneur de Sauville, demeurant à Marsault, élect. de Reims.

D'or, à trois lionceaux de sable, couronnés, lampassés et armés de gueules.

POST-FACE.

La première édition de ce petit volume était à peine épuisée, que la mort impitoyable est venue frapper madame veuve Chandon de Briailles, fille de notre héros, et la digne et constante héritière de son intelligence et de ses vertus.

Madame veuve Chandon de Briailles était âgée de 78 ans.

Elle a succombé, le 26 août 1864, à une de ces longues et interminables maladies, qui semblent ne nous conserver plus longtemps ceux que nous

aimons que pour nous faire payer ce
bonheur par le spectacle de leurs
souffrances.

On peut dire que le pays tout entier
a porté le deuil de cette mort.

Le nombreux cortége qui accompagnait, à la sépulture de famille, les
restes mortels de madame veuve Chandon, témoignait hautement de la sym-
pathie générale et de l'affliction publique.

Sa dernière heure a été le complément solennel et pieux de sa vie tout
entière, c'est-à-dire qu'elle voulut la
signaler par de nouveaux actes de bienfaisance, par des legs affectueux aux
serviteurs qui lui avaient été dévoués,
par un don princier à l'hospice d'Epernay, et par de saintes aumônes données
aux pauvres, dont elle a été le soutien
constant, la généreuse protectrice et la
véritable mère.

I

Depuis longtemps le public réclamait une monographie sérieuse et largement étudiée des Vins de Champagne, c'est-à-dire une revue complète, une statistique des grandes Maisons qui exploitent la branche d'industrie la plus importante et la plus accréditée dans notre province.

Une pareille étude promettait d'être aussi utile qu'attrayante.

Nous devions tout naturellement la commencer par l'histoire de l'homme illustre, dont l'activité merveilleuse et l'infatigable persistance ont dirigé l'essor industriel qui fait aujourd'hui la fortune d'Épernay et des communes d'alentour,

Et la continuer en racontant la vie si noblement et si honorablement remplie de la châtelaine de Boursault.

C'est à JEAN-REMI MOËT que nous devons ce prodigieux commerce des Vins de Champagne qui s'étend jusques aux extrémités du monde, et qui fait éclater partout le nom de la France dans les joyeuses et pacifiques détonnations du Champagne.

II

On a dit que le vin de Champagne était le *vin civilisateur* par excellence.

Si nous avons bonne mémoire, c'est Talleyrand qui lui a donné cette qualification glorieuse, un jour que M. Moët dînait à Paris à son hôtel.

— Mon cher monsieur, dit le Prince à la fin du repas, en élevant sa coupe pétillante, vous êtes un prédestiné de l'avenir. Je déclare que, grâce à cette coupe et à son contenu, votre nom moussera plus longtemps et beaucoup mieux que le nôtre !

III

JEAN-REMI MOËT naquit à Epernay,
le 30 septembre 1758, issu d'une famille
originaire de Hollande, ainsi que l'indique son nom *.

Son père, viticulteur distingué, possédait un vendangeoir à Cumières.

Dès l'âge le plus tendre, celui dont
nous écrivons la notice biographique
manifesta de rares qualités intellec-

* Le mot moël, en Hollandais, représente
la troisième personne de l'indicatif du verbe
falloir : Il *faut*.

tuelles et une bonté d'âme qui, plus encore que son esprit, a contribué à faire bénir sa mémoire par nos populations.

Aux distributions de prix du Collège, il emportait régulièrement toutes les couronnes.

Il préludait par des triomphes scolaires au magnifique succès commercial qui devait justifier la prophétie de Talleyrand et faire célébrer le nom du héros de ce livre de l'autre côté de l'Atlantique, sous les zônes hyperboréennes et jusqu'au-delà des mers du Céleste empire.

Avant la création d'une industrie devenue si féconde pour notre arrondissement, les meilleurs crûs de Champagne appartenaient aux abbayes d'Hautvillers et d'Avenay.

Les moines en dirigeaient eux-mêmes l'exploitation.

Quant aux vendangeoirs exceptionnels d'Ay, Sillery, etc., ils étaient la propriété de hauts et puissants seigneurs, qui n'en tiraient qu'un produit médiocre et ne savaient pas en développer l'accroissement. Ils se bornaient à vendre le raisin sur pied à des industriels de Reims, déshéritant ainsi la localité même d'une richèsse inhérente au territoire.

Jusqu'en 1792, il n'y eut à Epernay aucune maison importante affectée au commerce du vin de Champagne.

IV

Ce fut alors que M. Moët, âgé de trente-quatre ans, et devenu l'un des hommes les plus estimés de la province, fit comprendre à ses compatriotes leurs véritables intérêts. Il leur prouva qu'au lieu d'expédier leurs vendanges aux négociants de Reims, il était bien plus rationnel et plus logique de centraliser dans leur propre ville le commerce du Champagne.

Prêchant aussitôt d'exemple, il jeta es bases d'un établissement, qui prit

en quelques années des proportions
immenses.

Ses caves et celliers étaient situés au
faubourg de la Folie, devenu mainte-
nant la rue du Commerce.

V

Mais un désastre terrible vint frapper la maison presque à sa naissance, et en aurait infailliblement occasionné la ruine, si l'énergie de son fondateur ne s'était pas élevée au-dessus d'une infortune aussi subite qu'inattendue.

On peut même dire que, dans cette circonstance, où l'honneur de beaucoup d'autres aurait fléchi, la probité commerciale de M. Moët alla jusqu'au sublime.

Ceux de nos compatriotes qui dépassent aujourd'hui, comme nous, le demi-siècle, et qui se rappellent leurs anciennes récréations de collégiens, n'ont pas oublié le *sou Monneron,* pièce de monnaie lourde et disgracieuse, dont la forme était analogue à celle du palet, en usage aujourd'hui pour le jeu de tonneau.

Pendant les premiers orages politiques de 89, on avait autorisé les frères Monneron, banquiers à Paris, à frapper une monnaie de cuivre, avec la raison sociale de leur maison.

Cette entreprise tourna mal.

La banque Monneron croûla en 1798, entraînant avec elle dans le gouffre d'une faillite beaucoup de négociants honorables. *

* Monneron (Augustin), devenu, en **1798**, directeur général de la caisse des comptes courants, disparut tout à coup en laissant un grand nombre de ses billets en circulation.

Plus de la moitié du capital de monsieur Moët se trouvait compromis dans ce sinistre financier.

N'hésitant pas une minute, il réalise tout ce qui lui reste au prix de sacrifices énormes, et avec des difficultés que le malheur des temps rendait presque insurmontables. Cela fait, il prend le chemin de Paris, et, peu soucieux du cérémonial, va s'installer sous le vestibule même de la maison de banque en faillite.

Là, questionnant ceux qui entrent, il les prie de lui dire si, par hasard, ils n'ont pas en portefeuille quelques traites avec sa signature.

Quand il obtenait une réponse affirmative, il dénouait une sacoche de cuir

Cette affaire fut portée au tribunal criminel de la Seine, où Augustin Monneron fut acquitté dans le courant de mai.

5

placée près de lui sur une borne, et retirait contre espèces sonnantes la valeur en souffrance.

M. Moët eut l'héroïsme de rester là pendant une grande partie de la liquidation, ne se fiant qu'à lui-même en ces mauvais jours.

Il paya tout et revint à Epernay les mains vides, mais avec un honneur commercial intact.

On connut cette belle conduite.

Les assurances d'intérêt les plus sympathiques furent prodiguées à notre digne compatriote; les offres de crédit affluèrent, et, au bout de l'année qui suivit ce grand désastre, il n'en restait pas même dans la maison Moët une trace apparente.

VI

Vingt ans plus tard, presqu'à la fin de l'Empire, un personnage assez mal vêtu rôdait, à la chute du jour, dans le voisinage de la demeure du riche négociant. On le vit plusieurs fois s'approcher de la grille et se retirer ensuite, comme en proie à une crainte inexplicable, et comme si la chaîne de la sonnette lui brûlait la main.

M. Moët sortit.

Il examina cet homme et lui demanda sur un ton d'affectueuse bienveillance s'il avait besoin de quelque service ou de quelque secours.

— Entrez, lui dit-il, je suis le maître de la maison. Peut-être avez-vous des inquiétudes et des chagrins ? Confiez-les moi, je tâcherai d'y apporter remède.

— Vous êtes le maître de la maison ! murmura l'inconnu d'une voix frissonnante. Ainsi j'ai l'honneur de parler à monsieur Moët ?

— Oui..., mais pourquoi ce trouble ?

— Ah ! vous allez me maudire, quand vous saurez qui je suis !

— Non, suivez-moi, dit le bon négociant, qui venait de tressaillir en l'examinant de plus près : je n'ai jamais maudit personne, et je ne commencerai pas par vous.

Il le mena dans son cabinet, le fit asseoir et lui dit :

— Que sont devenus vos frères ?

— Juste ciel ! vous me reconnaissez !

s'écria son interlocuteur en se cachant le visage. Ah! monsieur, tout est fini!... Nous ne pourrons jamais réparer le tort que nous vous avons causé. La fortune n'a pas cessé de nous être contraire.

— Eh bien, mon ami, qu'importe? Elle m'a favorisé, moi. Je suis prêt à vous venir en aide. Allons, donnez-moi des nouvelles de vos frères.

— Ils sont morts, répondit l'homme en sanglotant, et ils m'ont chargé de vous dire tous les regrets qu'ils ont emporté dans la tombe.

— Pourquoi ne m'avoir pas écrit que vous étiez dans la détresse? Je vous aurais secourus de ma bourse. La politique fait tomber les uns pendant qu'elle relève les autres. Mais laissons-là ces tristes souvenirs. Je vous garde chez moi. Vous serez de la famille jusqu'à ce que j'aie trouvé moyen de vous rendre un peu de chance et de bonheur.

Ce qui fut dit fut fait.

Le dernier des frères Monneron (Louis) trouva chez M. Moët, après quelques jours de cordiale hospitalité, la plus complète et la plus généreuse assistance.

Pendant le déjeûner qui précéda son départ, Louis Monneron trouva dans les plis de sa serviette un billet de banque de 1,000 francs.

On croit lire un trait de la vie d'un des hommes de Plutarque.

VII

En attendant, la maison Moët allait grandissant chaque jour. Sa renommée devenait européenne et commençait à faire le tour du monde.

Tout contribuait à l'accroître, et les circonstances, et la position même de la ville.

Assise sur la route d'Allemagne, — route tumultueuse, où passait constamment César allant en conquête, puis revenant victorieux des frontières, — Epernay, par ce seul fait, donnait à l'industrie naissante un développement qui tenait du prodige.

Les rois, les princes, tous les hauts et puissants personnages qui se rendaient à Paris, ne manquaient jamais de faire une station dans notre heureuse cité, pour déguster le Champagne à sa source même.

Tour-à-tour, M. Moët reçut dans ses salons les têtes couronnées de l'Europe, et les mena visiter ses vastes et magniques caves.

Dès l'année 1805, appelé à la dignité de maire par les vœux unanimes de ses concitoyens, il fit présenter, au nom des habitants d'Epernay, des vins d'honneur à S. M. Napoléon Ier. L'Empereur, non - seulement remercia la ville, au nom de laquelle ce don lui était offert ; mais il voulut témoigner à M. Moët lui-même, par plusieurs visites successives, l'estime et la considération que méritait son génie industriel.

Une inscription en lettres d'or, gravée sur une table de marbre, à l'entrée des caves, mentionne encore aujourd'hui la première visite Impériale.

Elle eut lieu le 29 juillet 1807.

On offrit dans les caves un verre de Champagne au prince Murat, qui accompagnait l'Empereur, et il allait l'accepter, quand se ravisant tout-à-coup :

— Non, sacrebleu! fit-il, je le boirai là-haut : il me paraitra plus frais!

VIII

Comme nous l'avons dit précédemment, ce ne fut pas la seule fois que notre héros eut l'honneur de recevoir des têtes couronnées.

Vivantes ou mortes, beaucoup d'illustrations de l'Empire passaient alors par notre ville.

Le maire fut toujours chargé de leur faire accueil. Il suffit, pour en avoir la preuve, de feuilleter le journal de l'époque, dont voici quelques extraits * :

* Ces extraits sont puisés et recueillis dans

* * *

« 30 *Janvier* 1807. — Sa Majesté l'Impératrice Reine est passée à Epernay, se rendant à Paris. Deux arcs de triomphe, formant l'entrée d'un portique composé de vingt - quatre colonnes, avaient été préparés devant la porte de M. J. R. Moët, où Sa Majesté devait loger. Toutes les colonnes étaient liées ensemble par des festons de verdure, et les chapiteaux portaient des vases de fleurs.

» Le lendemain, avant son départ, Sa Majesté reçut les autorités locales.

» Elle s'exprima dans les termes les plus gracieux, disant combien elle était sensible aux marques d'affection des

le *Journal de la Marne*, qui s'imprimait alors à Epernay ; — il était publié et rédigé par Fiévet-Warin.

habitants de la ville d'Epernay, qui s'étaient de tout temps distingués, à ses différents passages ainsi qu'à ceux de Sa Majesté l'Empereur, par leur zèle et leur attachement. » *

« 22 *Septembre* 1808. — Aujourd'hui, à cinq heures du soir, Sa Majesté l'Empereur passe à Epernay, se rendant à Châlons. Le maire fait dresser des arcs de triomphe. »

« 17 *Juin* 1809. — Sa Majesté l'Impératrice-Reine, venant des eaux de Plombières pour se rendre à la Malmaison,

* **Voir aux** *Notes et Pièces justificatives* **— A.**

est descendue hier, à neuf heures du soir, chez M. Moët. On pensait qu'elle passerait la nuit ; mais elle s'est contentée de prendre quelque repos, et elle est repartie à onze heures du soir. La chaleur du jour avait été excessive, et Sa Majesté paraissait fatiguée. Elle a néanmoins accordé une audience à la veuve du général Lefranc. »

« 26 *Octobre* 1809. — L'Empereur est passé à Epernay, à huit heures du soir, revenant d'Autriche. Monsieur Moët a eu l'honneur de recevoir Sa Majesté. »

« 8 *Novembre* 1809. — Sa Majesté le roi de Westphalie est passé à Epernay, à six heures du matin, avec une suite de

trois voitures, se rendant à Fontaine-
bleau. Il a daigné accepter chez M. Moët
le vin d'honneur. Le roi voyageait sous
le nom de comte de Mansfeld. »

* *
*

« 20 *Juin* 1810. — Nous sommes dans
l'année des grands événements politiques. Le cercueil du maréchal duc de
Montebello et celui du général Saint-
Hilaire, deux héros qui ont succombé
dans cette lutte de géant que l'Empereur soutient contre les puissances du
Nord, traversent les provinces de l'Est
pour aller à Paris, et sont arrivés à
Epernay.

» Monsieur Moët, maire de la ville, a
reçu du Préfet du département l'invi-
tation de donner le plus de solennité
possible à cette cérémonie de deuil.

» A une heure de l'après-midi, un

canon placé à une certaine distance de
la ville, donna le signal de l'approche
des chars funéraires, venant de Châlons. Toutes les autorités, la compagnie
des gardes d'honneur et un piquet de
la garde départementale se joignirent
à la marche funèbre. On arrive à la
porte de l'église. La garde d'honneur
s'empare des sarcophages, les descend
et va les déposer à la place qui leur é-
tait désignée. Au milieu du chœur s'é-
levaient deux catafalques, dressés par
l'ordre du maire aux frais de la ville.
L'un à triple estrade, était préparé pour
le maréchal duc de Montebello. Quatre
belles colonnes en granit flanquaient
les quatre angles de ce sarcophage,
au-dessus duquel était suspendue une
couronne ducale. À droite et à gauche
se voyaient les armes du noble soldat,
son bâton de maréchal et une foule de
décorations, tant nationales qu'étran-
gères, récompense des services écla-
tants qu'il a rendus à la patrie.

» L'autre catafalque, plus bas, du côté de la nef, était destiné à recevoir la dépouille mortelle du général comte de Saint-Hilaire. On y remarquait ses armoiries et une couronne de lauriers.

» Tous les détails de cette double cérémonie funèbre ont été ordonnés et dirigés par les soins de M. Moët. »

*

* *

« 12 *Juillet* 1810. — Notre honorable maire et compatriote n'est pas seulement un habile négociant, c'est un administrateur dévoué et rempli d'intelligence ; mais surtout c'est un homme de cœur. Il exerce les devoirs de l'hospitalité comme on les exerçait dans les temps antiques.

» Le général de division, comte de Berutrode, colonel-général de la garde du roi de Westphalie, était son hôte, lorsqu'une indisposition subite vint le saisir. Le mal prit des proportions alarmantes. On soigna le général pendant six mois dans la maison du maire avec une constance et un dévouement au-dessus de tout éloge. Le comte vient de succomber sous le coup d'une affection séreuse, après avoir subi deux fois l'opération de la paracentèse. »

*

* *

« 21 *Septembre* 1828. — Madame la duchesse d'Angoulême, revenant des départements de l'Est, est descendue à Epernay, chez M. Moët. »

IX

Nous avons anticipé sur les événements.

Le lecteur voudra bien retourner avec nous à l'époque où l'illustre négociant, nommé maire de la ville, consacra tous ses efforts à l'embellir et à la rendre florissante.

Il posa sur les anciens fossés du rempart, le 1er juillet 1806, la première pierre d'un pont, destiné à joindre la rue du Collége à celle des Mariniers.

Un arrêté municipal, publié le 18 septembre 1808, divisa la ville en trois sections.

A cette époque, Epernay ne possédait pas de théâtre. Du moins il était difficile d'accorder ce nom à une espèce de grange, où des artistes nomades se livraient à des représentations irrégulières, et alternaient au besoin avec les spectacles forains. Cette grange était située dans l'impasse appelée cour Montilleul, et la haute bourgeoisie daignait rarement y paraître.

Epernay voulait une salle de spectacle digne du rang qu'elle avait acquis par son commerce.

Malheureusement ce désir n'était pas en harmonie avec la médiocrité des revenus de la ville, et le conseil municipal ne se montrait pas d'humeur à dépasser les limites de son budget et à grever les chapitres de l'avenir.

— C'est à moi de trancher la question, se dit M. Moët.

Et, comme toujours, il la trancha par

un sacrifice personnel. Il acheta de ses
deniers une grande partie des terrains
qui s'étendaient derrière l'hospice, obtint du Conseil municipal qu'il voterait
l'acquisition du reste, et sollicita du
ministre de l'intérieur une ordonnance
qui autorisât l'érection de la nouvelle
salle.

Cette ordonnance fut rendue le 17
septembre 1810.

Une fois la salle construite, les revenus municipaux se trouvaient de plus
en plus obérés. Impossible de pourvoir
à l'aménagement intérieur et aux besoins de la scène.

La bourse du maire aplanit encore
ces nouveaux obstacles.

Apprenant que le théâtre Montansier,
aujourd'hui théâtre du Palais-Royal, se
trouvait en liquidation, M. Moët alla
lui-même à Paris assister à la vente
qu'on annonçait dans les journaux, et

il acheta tous les décors et accessoires, dont il fit présent à la ville.

Tous ces souvenirs d'une générosité qui ne s'est jamais démentie, vivent encore dans le cœur de notre population.

Monsieur Moët à la même époque, après des recherches minutieuses sur l'origine des armoiries d'Epernay, obtint un décret impérial, en date du 25 février 1813, portant concession des armes de la ville, qui sont l'écusson actuel.

X

Jérôme Bonaparte, roi de Westphalie, allant au baptême du roi de Rome, rendit visite au riche négociant et lui laissa une commande de six mille bouteilles de premier crû.

— Si les circonstances étaient moins tristes, lui dit-il, j'en prendrais le double ; mais je crains que les Russes ne viennent me le boire.

— Les Russes !... Je ne vous comprends pas, Sire, dit M. Moët stupéfait.

— Eh bien ! vous allez me comprendre et je vous révèle un secret d'Etat. La guerre de Russie vient d'être décidée dans le conseil de mon frère. C'est un malheur, un grand malheur! Je ne crois pas le succès possible de ce côté-là.

— Mais, Sire...

— Oui, je sais ce que vous allez me répondre : « Le génie de l'Empereur ne connait point d'obstacles!... » Voilà ce qu'ils disent tous... Je désire que mes pressentiments me trompent. Attendons la fin.

XI

Cette conversation laissa beaucoup de tristesse dans l'esprit du maire d'Epernay, et le désastre de la Bérésina, qui eut lieu l'année suivante, ne confirma que trop les sombres prévisions de Jérôme.

Notre courageux magistrat se tint prêt à tous les événements : l'orage qu'il redoutait ne tarda pas à éclater.

La bataille de Leipsick venait de refouler Napoléon sur le territoire même de la France ; et, le 7 février 1814, Epernay fut envahi par les troupes étran-

gères. La ferme contenance et le dévouement énergique de M. Moët réussirent à
empêcher le désordre et les collisions.

À cette époque, l'Empereur tenait
intrépidement la campagne. L'ennemi
n'avait pas encore l'insolence et l'au-
dace qu'il devait afficher plus tard.

Pendant que le maire d'Epernay
nous sauvait de la dévastation, le général de Saint-Priest, émigré qui avait
lâchement vendu son épée aux Russes,
attaqua la ville de Reims et parvint à
y pénétrer. Mais presque aussitôt Napoléon accourut avec la rapidité de la
foudre, culbuta l'ennemi, chassa Saint-
Priest et reprit la ville.

Elle était tombée, le 14 mars, au pouvoir des Russes et l'Empereur la déga-
geait le 17.

Le soir même, il vint à Epernay, suivi de son Etat-Major, et descendit chez
le maire, où il passa la nuit.

Monsieur Moët qui, la veille, se trouvait absent à l'arrivée de Napoléon, et à qui on avait expédié un courrier en toute hâte, voulut, le lendemain au point du jour, porter lui-même un bouillon que le premier valet de chambre venait de demander aux cuisines pour l'Empereur.

Il trouva Napoléon levé, consultant une carte qu'un aide-de-camp déroulait devant lui sur une table.

— Eh bien ! tout n'est pas perdu : la France n'est pas encore aux Russes, mon cher monsieur Moët ! lui cria le héros, dès qu'il l'aperçut.

— Non, Sire, Dieu vous aidera jusqu'au bout, j'en ai la ferme confiance, lui répondit le négociant.

— Et moi aussi, dit l'Empereur. Mais parlons un peu de vous, monsieur le maire. N'avez-vous rien à me demander?

— Je ne demande au Ciel que le triomphe de vos armes, Sire.

— Oui, j'en suis convaincu. Mais si le sort trompe mes espérances, je veux au moins récompenser dès aujourd'hui vos loyaux services comme administrateur, et surtout ce développement admirable que vous avez su donner, en France comme à l'Étranger, au commerce de nos vins.

Tout en parlant, Napoléon détachait de sa poitrine une croix de la Légion-d'Honneur et l'attachait à l'habit de M. Moët.

— Prenez cela, lui dit-il. Avant peu ma Chancellerie régularisera le brevet. Ne me remerciez pas, je vous donne ce que vous méritez. Ah ! les Russes osent entrer en France? Nous verrons s'ils peuvent en sortir avec les honneurs de la guerre. Je les laisse tout exprès s'avancer, pour les envelopper

par une dernière manœuvre entre moi
et la capitale. Si mes plans réussissent,
je les écrase et je rejette d'un seul
coup de l'autre côté du Rhin les débris
de leur armée. Si mes combinaisons
échouent, dans un mois je ne serai
plus Empereur.

XII

Hélas! quelques jours après cet entretien, Paris ouvrait ses portes aux Alliés.

De nouvelles hordes ennemies envahirent Epernay.

Tout le courage de M. Moët ne put d'abord arrêter leurs déprédations. Sa vie fut menacée vingt fois, et vingt fois il brava la mort, résistant à l'ordre des chefs et défendant avec une énergie désespérée les propriétés de ses concitoyens.

— Si vos cosaques volent et s'eni-

vrent, que ce soit dans mes caves ! dit-
il au général Russe. Peu m'importe une
ruine personnelle ; mais au moins ne
déshonorez pas mon administration !

Ce fut cette noble conduite qui, en
frappant l'ennemi de surprise, valut au
héros de ce livre la protection des princes Alliés et, plus tard, la royale commande de Louis XVIII.

XIII

Mais, à la seconde invasion, l'ennemi, furieux d'avoir à recommencer la lutte, ne se laissa plus vaincre par l'héroïsme du magistrat.

La ville d'Epernay fut positivement mise à sac, le 21 mars 1814 *.

Soixante mille Bavarois, Prussiens, Russes et Saxons, se ruèrent dans nos murs comme des Vandales. On s'empara de l'habitation du maire, qui servit d'état-major aux chefs des puissances

* Voir aux *Notes et Pièces justificatives* — B.

coalisées. L'Empereur de Russie porta son quartier-général à Vertus.

Du haut du mont Saint-Aimé, Alexandre fit manœuvrer dans la plaine cent cinquante mille hommes, tant en cavalerie qu'infanterie, sous les yeux de l'empereur d'Autriche, du roi de Prusse et de lord Wellington.

Le 15 juillet, M. Moët, épuisé d'efforts, accablé de chagrin et de fatigue, donna sa démission de maire.

On ne voulait pas l'accepter.

Mais il fit comprendre combien le repos lui était indispensable après tant d'orages, non-seulement pour rétablir sa santé compromise, mais encore pour réparer les pertes énormes que l'invasion lui avait fait subir.

Il reprit courageusement sa tâche commerciale.

En moins de neuf années, il répara tous les désastres et tripla sa fortune,

puissamment aidé par la coopération
active et intelligente de M. Pierre-Gabriel Chandon, qui devint son gendre le
31 août 1816. *

* M. Chandon, issu d'une ancienne famille du Mâconnais, était compatriote de Lamartine. Il avait fait ses classes au même
colége que le chantre de *Jocelyn*. Un jour,
avant 1848, l'auteur de ce livre eut l'honneur
d'être reçu par le grand poète. Après les premières paroles échangées, sachant que nous
habitions Epernay, M. de Lamartine s'écria :
— « Mais alors vous pouvez me donner des
nouvelles d'un de mes bons amis d'enfance,
M. Chandon, un des hommes que j'aime et
que j'estime le plus. »

7

XIV

On lui décerna de nouveau la dignité de maire, le premier janvier 1826, et sa nomination fut saluée par des applaudissements enthousiastes.

Ses capacités remarquables et sa haute intelligence semblaient s'être accrues encore. Ne voyant que les intérêts de sa ville natale, et voulant les sauvegarder pour le présent comme pour l'avenir, il s'opposa de tout son pouvoir, en qualité de membre du Conseil général et de président de canton, à la création d'un sixième arrondissement à Sézanne.

Il avait l'œil à tout, prévoyait tout et remédiait aux accidents les plus imprévus.

De malheureuses circonstances ayant fait déserter à l'improviste le marché aux grains d'Epernay, M. Moët acheta de ses deniers des quantités de froment considérables, les fit revendre à perte, et ramena immédiatement sur le marché l'affluence des spéculateurs, tout en sauvant les familles pauvres de la disette et de la cherté.

Au moment où l'estime publique le portait aux nues, une ordonnance de Charles X, le révoqua de la manière la plus inqualifiable.

C'était le 21 juillet 1830.

La réparation suivit de près l'injure, et, le 15 août suivant, Louis-Philippe rétablissait, dans ses fonctions, le digne magistrat.

XV

Mais les événements politiques et la discorde des partis semblaient influer alors sur toutes les administrations civiles, apportant de folles entraves aux cœurs honnêtes et aux amis de la droiture.

Le 20 décembre 1830, il y eut à Epernay une émeute caractérisée, une révolte subite de presque toute la classe des ouvriers-vignerons mal conseillés.

Ils se portèrent en foule dans les bureaux de la régie et firent un autodafé des registres.

Monsieur Moët se jeta vaillamment au milieu de cette multitude aveugle, arriva par ses conseils et ses discours à dompter l'égarement des mutins, et parvint, presque seul, à rétablir l'ordre. Mais ce ne fut pas sans péril et sans exposer sa dignité personnelle aux outrages d'une populace irréfléchie.

Ce dernier déboire lui fut plus sensible que tous les autres et combla la mesure.

Il donna de nouveau sa démission.

Dans nos recherches longues, souvent ingrates, mais toujours assidues, pour rendre ce travail complet, nous avons retrouvé la circulaire imprimée qu'il envoya, à cette époque, aux membres du Conseil municipal, et nous la citerons tout entière comme un monument de la sagesse et du sens droit de notre illustre concitoyen.

*

* *

A Messieurs les Membres composant le Conseil municipal de la ville d'E- pernay.

« Messieurs,

» C'est avec peine que je me suis vu forcé de cesser mes fonctions de maire de cette ville, avant d'avoir pu vous ins- truire des causes et des motifs d'une détermination aussi nécessaire que mû- rement et antérieurement méditée. L'é- meute du 20 décembre dernier, les me- naces, les injures et les suites si déplo- rables pour l'autorité ne sont qu'une cause accidentelle de ma retraite, que j'aurai pu franchir et dominer. La véri- table raison est puisée dans la nécessité d'un repos que me commandent impé- rieusement mon âge, les infirmités qui s'approchent et le soin de ma santé.

» J'ai suivi depuis 1792 la carrière

administrative qui vient de se fermer
pour moi, et sans doute on voudra juger avec quelque indulgence le désir et
la volonté arrêtée de consacrer le peu
d'années qui me restent à vivre au soin
de ma tranquillité et à de paisibles
jouissances qui doivent être les dernières. Mais en quittant des fonctions
devenues pour moi aussi faciles qu'a-
gréables, depuis que la régénération du
Conseil avait éteint et condamné au silence cet esprit de parti qui avait surgi
avec tant de violence, et produit des dé-
bats aussi orageux que scandaleux dans
les premières années de ma rentrée à la
tête de vos affaires; en remettant ces
fonctions en des mains sans doute plus
virtuelles, je dois vous offrir l'expres-
sion de mes vifs regrets et de la peine
profonde que j'éprouve à cause de l'état
déplorable de vos finances.

» Ce n'est que depuis ma dernière
réunion avec vous, Messieurs, et la

veille du jour où je devais vous présenter le rapport de la commission que vous aviez choisie pour l'examen du budget, que j'ai été instruit par M. le réceveur de mécomptes et d'erreurs dans les deux exercices de 1829 et 1830 sur les recettes extraordinaires. Ce comptable n'avait pu encore, le jour de ma retraite, en découvrir la cause.

» Depuis longues années, il existait dans la pose du chiffre des bonis et des recettes extraordinaires, un mode de comptabilité sur lequel souvent les administrateurs n'étaient pas toujours d'accord. C s éternelles ambiguïtés, au moins pour moi, m'avaient déterminé, même avant 1814, à demander chaque année, soit au receveur de la ville, soit à l'employé de la Sous-Préfecture chargé de la comptabilité des budgets, de me donner le *quantum* des recettes et du boni annuel; et sur cette base tous les budgets ont été présentés, fixés et

homologués par l'autorité supérieure.
Le maire alors n'a plus à connaître que
la dépense autorisée et à en délivrer les
ordonnances. C'est ce que j'ai fait tous
les ans avec une stricte et sévère exac-
titude ; vous en avez jugé, et jusqu'à
présent la Cour des comptes a reconnu,
sanctionné et délivré les arrêts de libé-
ration, jusqu'en 1828.

» J'ai dû, pour 1851, suivre la même
marche, et M. le receveur m'a donné,
écrit de sa main, le boni des exercices
précédents, s'élevant à 28,484 fr. 35 c.
Sur cette base, j'ai établi le budget qui
vous a été présenté. Votre commission
l'a examiné dans tous ses détails, et,
après plusieurs modifications de dépenses, il devait vous être présenté le lendemain, lorsque M. le receveur est venu
m'apprendre qu'au lieu d'un boni pour
1851, il y aurait sur l'exercice courant
un déficit à couvrir, d'abord de 25,000,
ensuite de 18,000, puis de 12,000 fr.,

variant ce déficit à chaque nouveau travail, sans pouvoir en établir la cause. Monsieur le Sous-Préfet a fait vérifier la caisse du receveur. Depuis, Monsieur Bergerot, dont l'esprit de comptabilité est remarquable, a remanié et recherché, avec M. Paris, le nœud de cette énigme. J'ignore le résultat de ces nouvelles recherches.

» Il me reste une profonde affliction des embarras immenses dans lesquels va se trouver la ville, tant à cause du déficit actuel, que des pertes déjà essuyées, et de celles à craindre sur les revenus de l'octroi en 1831.

» Mais la cause, la seule cause qui a creusé un abime immense et sans fond dans lequel doivent s'engloutir, pour bien des années, vos finances et vos ressources, prend son origine dans l'opiniâtre et invincible volonté qui a entraîné à reconstruire l'église sur des plans trop vastes, fort beaux, peut-être,

.mais dont la dépense était dans une disproportion immense et évidente avec les facultés et les revenus d'une petite ville *.

» Ce serait peut-être ici le cas de rappeler au Conseil l'opposition constante que je n'ai cessé d'apporter à une entreprise aussi gigantesque ; les prédictions, les observations que j'ai imprimées, distribuées, et qui sont peut-être encore dans les mains de bien du monde ; mais le mal est fait, et ce serait un faible remède que celui des plaintes, des récriminations, et même des regrets.

» J'espère n'être plus appelé à répondre à des attaques haineuses et calomnieuses ; je ne pourrais faire mieux que d'appeler à ma défense vos consciences, vos lumières, et surtout les

* Voir aux *Notes et Pièces justificatives* les observations du maire sur la construction de l'Église. — C.

sentiments de justice et de vérité que vous n'avez cessé de manifester, et qui ont été si justement partagés par l'immense majorité de mes concitoyens.

» Epernay, 9 janvier 1831.

» J. MOET. »

XVI

Louis-Philippe, de passage à Epernay, le 7 juin de l'année suivante, et se rendant au camp de Lunéville, visita les caves de l'ancien maire.

Il voulut qu'on lui montrât la chambre où l'Empereur avait couché en 1814.

Depuis lors, M. Moët avait conservé cette chambre intacte, avec son mobilier et tous les objets qui avaient servi au sublime vaincu de Waterloo.

XVII

Après une carrière commerciale de plus de cinquante ans, carrière aussi honorable que féconde, le riche négociant transmit la suite de ses opérations à M. Victor Moët, son fils, et à M Pierre-Gabriel Chandon, son gendre.

Cette cession fut consentie devant notaire le 31 décembre 1832, et, depuis lors, la raison sociale de la maison de commerce est restée *Moet et Chandon*.

C'est avec cette marque que les vins les plus renommés de notre crû s'exportent jusqu'aux dernières limites du globe et sont dégustés par tous les peuples.

Les successeurs de M. Moël suivent scrupuleusement la ligne commerciale que leur a tracée sa longue expérience. Ils ont réussi à accroître de telle sorte l'activité de la maison et le chiffre des affaires, que leurs caves s'étendent aujourd'hui sur une surface gigantesque de trente mille mètres carrés.

Elles se divisent en sept immenses souterrains, contenant ensemble cinq galeries, dix bas-cellers et cent vingt-sept caveaux, où s'alignent dans un ordre admirable cinq millions deux cent mille bouteilles de champagne.

La superficie totale de l'établissement est de cinq hectares, et les caveaux ont un parcours de huit kilomètres.

Au milieu de son existence si remplie, tenant d'une main les rênes de sa maison de commerce et, de l'autre, celles de l'administration municipale, M. Moët père, accablé de tant de soins et de travaux, trouvait encore moyen de ferti-

liser et d'enrichir une des campagnes
les plus stériles du voisinage.

Nous parlons de sa terre de Romont,
près de Mailly, dans laquelle il s'em-
pressa d'aller occuper les loisirs que lui
laissait sa retraite.

Il en fit une espèce d'Eldorado, de-
mandant à la science agronomique et à
la science horticole toutes les ressources qu'elles pouvaient lui offrir, et les
appliquant avec une sûreté de coup
d'œil et un dédain de la routine, dont
tous les cultivateurs du pays conservent
encore la mémoire.

— On m'assure que tu persistes à
décrier mon engrais? dit-il un jour à
l'un de ses fermiers les plus têtus.

— Dame, m'sieur, je ne croyons pas à
ça, nous autres, répondit le paysan, qui
tortillait d'un air narquois son bonnet
de coton.

— Imbécile! Veux-tu que nous fas-
sions un marché?

— J'voulons bien, dame!.. s'il est bon?

— Ecoute. Je t'achète la récolte du champ qui t'appartient, et auquel tu refuses d'appliquer mon système. Je te la paie à raison de vingt francs de plus l'hectolitre que tu ne la vendrais au marché d'Epernay, ou au marché de Reims, à ton choix.

— Vingt francs de plus, m'sieur! murmura le lourdeau, qui écarquillait l'œil outre-mesure.

— Oui, mais à une condition.

— Laquelle?

— C'est que je vais ensemencer un champ d'une contenance égale, et que tu me donneras dix francs par hectolitre que je récolterai de plus que toi.

— Ah! bon!.... Topez-là, m'sieur Moët!...... J'acceptons d'emblée, faudra voir ça!

La moisson faite, notre obstiné paysan

devait à son propriétaire une différence de près de cent écus.

— C'est le diable qui s'en mêle, il n'est pas Dieu possible! murmura-t-il, confondu de ce résultat.

— Eh bien! non, triple mulet! le diable n'est pas ailleurs que dans ta caboche. Dépêche-toi de fumer les terres comme je t'indique, ou tu me paieras jusqu'au dernier centime.

Il fallut cet argument *ad hominem* pour insinuer une idée dans le crâne d'un paysan, et l'arracher aux obstinations de la routine.

XVIII

Choisissant un des plus beaux sites du pays qu'il avait transformé, M. Moët y fit bâtir un joli château dans le style moderne. Cette charmante habitation de plaisance est aujourd'hui la propriété de M. Jean-Remi-Gabriel Chandon, son petit-fils.

A l'époque de sa retraite, notre héros entrait dans sa soixante - quinzième année.

On peut dire qu'il était l'idole de tous les habitants de Mailly. Il se faisait tout à tous, avec un entrain plein de verve et une familiarité joyeuse qui lui gagnait les cœurs. Ses ripostes allaient quelquefois jusqu'à la malice ; mais on le savait si bon , qu'il ne vint jamais à l'esprit de personne de se formaliser d'une plaisanterie, d'un bon mot ou des légers sarcasmes qui lui échappaient.

Il rentrait un soir, à la tombée de la nuit, par la saison pluvieuse.

Un vent glacé courait en raffales dans les rues du village, et menaçait d'emporter le toit des maisons et des granges.

Tout-à-coup des cris plaintifs partent d'une pauvre cabane et dominent le tumulte de l'ouragan.

Sans hésiter , M. Moët pousse la porte presque vermoulue, et trouve un manouvrier qui battait sa femme , parce qu'il n'y avait ni pain sur la planche, ni feu dans l'âtre.

Le châtelain de Romont , dont le poignet n'avait rien perdu de sa vigueur, envoya le malôtru rouler à l'autre bout du taudis, et glissa deux pièces de cinq francs dans la main de la femme. Puis il jeta un regard autour de lui.

C'était une misère à donner le frisson.

Pendant cet intervalle, l'homme se relevait confus. Il se rapprocha en balbutiant :

— Aussi, quoi ! jamais on n'a rien à manger ici !...

— Parce que tu bois tout, coquin !... Et tu as des enfants ? continua M. Moët, en voyant trois pauvres petits êtres qui grelotaient sur un grabat dans un coin de la masure. Ta conduite est impardonnable. En changeras-tu, si je te protège et si je prends soin de ta famille ?

— Ah ! Monsieur, c'est la misère qui fait boire.

— Tu n'en auras plus de misère,

brute! nous verrons bien si ta soif di-
minuera. Cours au château, et dis aux
domestiques d'amener une voiture cou-
verte... à un seul cheval... je vois qu'ici
le déménagement ne sera pas long.

Une heure après, il installait la mal-
heureuse famille dans une ferme atte-
nante au château.

Puis il dit au manouvrier :

— C'est moi qui me charge de la police et des frais de ton ménage. Tu peux
encore devenir honnête travailleur, bon
mari et bon père. Attention, je te sur-
veille !

On pourrait citer du propriétaire de
Romont mille traits de ce genre.

XIX

Homme du monde, gracieux dans ses manières et d'une distinction d'esprit remarquable, M. Moët ne se montrait jamais dans un salon sans en chasser l'ennui. Sa gaité franche et communicative émerveillait tout le monde et plaisait surtout aux dames, pour lesquelles l'aimable vieillard avait de douces paroles et une politesse exquise, qu'on ne retrouve plus.

Les amitiés qu'il noua furent aussi nombreuses qu'illustres.

Il en comptait non-seulement dans les

régions élevées de la politique et dans
le haut commerce, mais encore dans
les lettres et dans les arts. Isabey, le
célèbre peintre, fut un de ses camarades les plus intimes.

XX

Cette belle et noble existence d'un homme de cœur et d'un homme de bien fut tranchée par la mort, le 31 août 1841. Monseigneur l'Archevêque de Reims accourut au chevet de l'illustre négociant pour lui apporter les secours et les consolations suprêmes de la foi.

Monsieur Moët rendit le dernier soupir dans sa terre de Romont, à l'âge de quatre-vingt-trois ans.

Jamais deuil public n'éclata d'une manière plus saisissante et plus spontanée.

Les populations des villages de Mailly et Ludes voulurent accompagner jusqu'à

Epernay les cendres de leur bienfaiteur, et l'on peut dire que, sur le parcours du convoi, le chemin fut arrosé de larmes.

A l'entrée de la ville, le Sous-Préfet, les Magistrats et toute la Garde - Nationale vinrent se joindre au cortége.

Un somptueux corbillard, à quatre chevaux, devait conduire le corps; mais les ouvriers d'Epernay réclamèrent comme un honneur insigne de le porter sur leurs épaules à l'église et au cimetière.

Quand l'absoute fut terminée, M. de Vezine Larue, sous-préfet de l'arrondissement, prit la parole au milieu des sanglots.

« Messieurs, dit-il, la mort enlève chaque jour à la France une de ses illustrations, et notre pays vient de perdre la sienne. Je ne dirai pas combien M. Moët fut bon, probe, noble et généreux; ma voix trop faible s'éteindrait au milieu de toutes celles qui proclament par com-

bien de hautes qualités, par combien de
vertus éminentes ce respectable vieillard s'était concilié notre estime et notre
affection. L'homme auquel je viens payer
un tribut d'hommages est celui qui,
pendant nombre d'années, et dans les
temps les plus difficiles, consacra tous
ses soins aux intérêts de ses concitoyens
et vous protégea de tout son zèle. C'est
le célèbre négociant, aimé de l'Empereur, qui fonda la prospérité commerciale de cette ville, étendit dans le
monde entier l'exportation du plus pré-
cieux produit du sol de la Champagne,
mérita la croix d'officier de la Légion-
d'Honneur, et acquit des titres incon-
testés à la reconnaissance publique.

» En effet, Messieurs, ne sont pas
seulement bons serviteurs du pays le
militaire qui arrose de son sang les
champs de bataille, le magistrat qui
rend la justice aux faibles comme aux
forts, le fonctionnaire qui consume sa

vie à veiller à l'exécution des lois. Celui-là aussi sert bien la France, qui, par un commerce intelligent et probe, rend tous les peuples étrangers nos tributaires, et contribue ainsi au développement de la richesse nationale.

» C'est par là surtout que vous méritez nos éloges, illustre vieillard, dont nous pleurons la perte ! C'est par là que votre vie tout entière a été un bienfait pour la patrie. Si Dieu récompense dans le ciel les vertus précieuses qu'il avait réunies en votre personne, cette terre que vous avez quittée et ce pays reconnaissant vous accordent aussi la récompense due aux grands citoyens : l'immortalité du Souvenir ! »

Un des délégués des ouvriers d'Epernay, M. Cordier, aujourd'hui ancien architecte de la ville, s'approcha de la fosse et prononça au milieu de ses larmes, une allocution, dont voici les principaux passages :

« De quelque côté que nous tournions nos regards, n'apercevons-nous pas ici les monum. nts qui nous rappellent son nom? C'est lui qui a donné chez nous, au commerce et aux industries de tout genre, cette impulsion qui a fondé la prospérité de cette ville. Ses sacrifices, ses efforts, son crédit ont élevé Epernay au niveau des cités les plus florissantes, et lui ont acquis une réputation assurée dans l'étendue des Deux-Mondes.

» Premier magistrat, M. Moët a fondé nombre d'établissements utiles ; protecteur de l'instruction publique, il s'est associé à tout ce qui tend à élever l'esprit, et il a stimulé l'étude par des récompenses qu'il accordait de sa bourse.

» Il a constamment appelé autour de lui une foule d'ouvriers de tout genre, les protégeant, les encourageant, les instruisant de ses conseils.

» Ne se rebutant jamais après un es-

sai infructueux, ses longs et constants
efforts ont enfin fécondé dans nos classes ouvrières ce germe d'aisance et de
bien-être, que nous avions vu si longtemps sterile. N'oublions pas non plus
que, pendant le cruel fléau de la guerre, nous avons dû à son crédit et à son
influence d'être préservés de calamités
sans nombre.

» C'est donc avec sincérité et sans
fard que nous venons déposer sur sa
tombe l'hommage de notre reconnaissance et de nos regrets profonds.

» Puissent les larmes qui coulent ici
faire encore tressaillir son âme!...

» Puisse le Dieu de toute justice et
de toute vertu appeler celui que nous
pleurons au séjour, où les hommes jus-
tes et vertueux reçoivent la récompense
de leurs mérites, le prix de leur sublime
me dévouement!... »

XXI

La Presse de Paris, comme la Presse de Province, jeta des couronnes sur la tombe de M. Moët.

On rappela surtout avec quel zèle et avec quelle constance surhumaine il avait multiplié les voyages aux quatre points cardinaux de l'Europe, afin de jeter les bases d'un commerce qui fait aujourd'hui la fortune d'Epernay et des environs.

Si M. Moët avait lui-même conquis la richesse, il ne s'en appliqua pas exclusivement les avantages ; il sut en jouir

en la faisant partager, et en versant sur
le pays tous les éléments de prospérité,
qui s'accroissent encore et se multiplient
chaque jour.

XXII

Il eut, du reste, à ses côtés, dans sa longue carrière, un ange de bonté qui sans cesse lui venait en aide, lorsqu'il y avait des pleurs à essuyer ou une infortune à secourir.

« Les vertus de madame Moët-Romont, dit le *Journal d'Épernay*, dans un article nécrologique, étaient modestes comme sa personne. Il fallut que la Mort, saintement indiscrète, vînt révéler la grandeur et la constance de sa charité, pour qu'on en connût bien tout le développement. On s'étonnait de la rapidité avec laquelle disparaissait l'or

9

de ses revenus, et l'on oubliait que la misère est l'abime sans fond où s'engloutit cet or, dès qu'il se trouve en certaines mains. Il absorbe les rentes les plus considérables. Toutes celles de madame Moët passaient en aumônes et en legs pieux.

» Noble usage de la fortune qui a fait ici - bas, de cette sainte et vénérable femme, l'agent direct de la Providence. »

Madame Moët-Romont survécut cinq ans à son époux.

Elle mourut le 29 août 1846.

Encore aujourd'hui, sur la tombe de cette mère des pauvres, viennent s'agenouiller pieusement les familles qu'elle a sauvées de la détresse ; les malheureux qui, au jour de l'infortune, ont trouvé son âme émue et sa main toute grande ouverte.

Leur sollicitude inquiète, leur ins-

tinct généreux allaient au-devant de la
souffrance, allégeaient la peine, cal-
maient le désespoir, et chacun s'ac-
corde à reconnaître que ces élans du
cœur, cette humanité que rien ne pouvait affaiblir, ces nobles traditions de
la bienfaisance font partie de l'héritage
et se perpétuent dans la famille.

XXIII

Ici, nous éprouvons un sentiment, qui, sans être de l'embarras ni de la gêne, est néanmoins facile à comprendre.

Louer ceux qui ne sont plus, réveiller pour eux le souvenir et l'affection publique est chose toute simple. Mais parler des vivants est une tâche délicate, surtout quand la critique n'a pas à intervenir dans leur histoire. On se trouve alors entre deux écueils : atténuer la louange, ou se faire accuser de flatterie. Un écrivain ne doit tomber ni dans l'un ni dans l'autre.

Empressons-nous de le déclarer hautement tout d'abord, nous ne sommes
ici que l'écho très-affaibli de la gratitude
des habitants de notre ville.

Quand les fils marchent sur les traces
des pères et sont leurs dignes émules ;
quand un pays tout entier continue de
devoir à une même famille la prospérité,
la joie et le bien-être, une plume par-
tiale pourrait seule mettre une sourdine
à l'éloge. En pareil cas, le silence est
un déni de justice.

XXIV

Comme nous l'avons dit, la maison Moët et Chandon prend d'année en année un accroissement plus considérable. Son commerce embrasse les deux hémisphères.

A la suite des élections municipales du 28 juin 1848, M. Victor Moët, fils de l'homme estimable dont nous avons raconté la vie, fut honoré à son tour de la confiance publique.

On le nomma Maire de la ville.

Quinze mois après son entrée en fonctions, il reçut le Président de la

République, passant à Épernay, à l'issue de l'inauguration du chemin de fer de l'Est.

Un banquet splendide fut offert à Louis-Napoléon Bonaparte.

Au sortir de table, le neveu voulut descendre dans les caves célèbres, que son oncle avait parcourues, un demi-siècle avant lui.

Si la fortune s'accroît dans la maison Moët et Chandon, les bienfaits et les actes charitables s'y développent dans une proportion égale. Lorsque la ville s'occupa de l'embellissement de l'église, madame Chandon *, la sœur du nouveau maire, donna une somme de cinq mille francs pour décorer l'autel de la Vierge.

* M. Pierre-Gabriel Chandon, ami de Lamartine, mourut à Paris le 23 juillet 1850.

Voici un fait tout récent :

Deux voyageurs, un malheureux couple, se rendaient de Lyon à Châlons. Faute de ressources, l'homme et la femme faisaient la route à pied, vendant çà et là pour vivre le long du chemin, le peu de hardes qu'ils possédaient.

La Providence les amena rue du Commerce, à leur passage dans notre ville.

Accablés de fatigue, mourant d'inanition, ils vinrent s'asseoir sur une des bornes qui avoisinent la maison Moët. Trop fiers pour tendre la main, ils attendaient que leurs forces fussent revenues, avant de continuer leur pénible voyage.

M. Chandon de Briailles vient à passer.

Le dénuement de ces deux voyageurs, leur visage amaigri, leur mine défaillante, tout le frappe et l'émeut. Il les interroge et obtient la confidence de leur détresse, les emmène à la maison et donne l'ordre de les restaurer. A l'instant même une collecte s'organise parmi les employés et ouvriers des caves présents. Des vêtements sont donnés à ces malheureux par les soins de M. Victor Moët. M. Paul Chandon les conduit au chemin de fer, chargés d'un trousseau, paye leur voyage, et leur met entre les mains une bourse qui paraissait assez rondelette.

Voilà comme on entend dans cette maison la sainte loi de la bienfaisance.

XXV

Le nom de madame Victor Moët est écrit dans le cœur des pauvres à côté de celui de sa belle-mère, et la louange ici a son libre cours, puisque malheureusement nous parlons sur une troisième tombe, fermée depuis huit ans à peine.

On cite de cette femme, enlevée trop tôt pour les infortunés dont elle était l'espoir et l'appui, des traits admirables.

Nous devons mentionner surtout cette précieuse organisation de la Charité qui la distinguait, et dont, si l'on peut

s'exprimer de la sorte, elle avait fait
une science.

Elle ne se contentait pas de secourir
le pauvre ordinaire, le mendiant de
profession qui ouvre sa besace à l'au-
mône quotidienne : elle était continuel-
lement à la recherche des indigents
timides, des misères qui souffrent dans
l'ombre; elle patronait les sociétés
philanthropiques, les institutions de
bienfaisance pour les malades, pour
les femmes en couches, pour les enfants, pour les jeunes mères, pour
les vieillards, pour les ouvriers sans
travail.

Les dames de charité avaient le mot
d'ordre et venaient aussitôt l'avertir,
quand il y avait des malheurs imprévus, des catastrophes subites, des an-
goisses ou des souffrances cachées.

Elle vidait sa bourse dans toutes ces
mains tendues, allant elle-même porter

avec son or les consolations et les douces
paroles.

Jamais un vieux serviteur, un ancien
domestique ne sortit 'de la maison de
madame Victor Moët sans avoir du pain
assuré pour le reste de son existence.

Elle fit à la plupart d'entre eux des
rentes viagères.

Par ses soins, une école communale,
qui ressemble beaucoup à une commu-
nauté religieuse, se fonda, sous l'invo-
cation de Saint-Victor dans la petite
commune de Chouilly. Tous les pauvres
orphelins de la commune y trouvèrent
un refuge, du pain, et l'éducation phy-
sique en même temps que l'éducation
morale.

La maison ne désemplissait pas, les
bonnes sœurs de Chouilly ne chômaient
jamais.

Si l'un de ces enfants venait à mourir, madame Victor Moët disait avec sa douce voix qui allait à l'âme :

— Allons, vite, qu'on m'en cherche un autre ! Point de place vide : le Roi est mort, vive le Roi !

Cette âme compatissante et dévouée fut ravie inopinément à la terre et aux nombreuses et vives affections qui l'entouraient en ce monde. Elle était mûre pour le Ciel. Attaquée du charbon, le 13 septembre 1858, l'épouse chérie, la mère adorée, la bienfaitrice d'Epernay, mourut au bout d'une maladie de trente-six heures, le surlendemain du jour où elle avait marié sa fille, mademoiselle Rachel Moët, à M. Auban.

Hier la robe nuptiale, aujourd'hui le crêpe funèbre.

O destinée humaine !

XXVI

Toute cette famille a le culte du souvenir, voilà pourquoi nous n'avons pas craint de nous étendre un peu longuement sur les pages de deuil.

Par un arrêté, en date du 18 novembre 1862, le conseil municipal décida que la rue *Haute-du-Chemin-de-Fer*, porterait à l'avenir le nom de : rue *Jean Moel*.

L'administration municipale devait, assurément, ce témoignage de reconnaissance à une famille dont tous les membres ont été tour à tour les bienfaiteurs du pays. Aussi la proposition,

présentée par le Maire, a-t-elle été votée
à l'unanimité.

En effet, la ville eut raison de donner
cette marque de patriotique souvenir
au passé comme au présent. Madame
veuve Chandon, la fille de notre héros,
venait peu de temps avant la décision
municipale, de faire don d'une somme
de 40,000 fr. en immeubles et en espèces, destinés à la construction de la
nouvelle école communale des filles,
sous le patronage de *Sainte Chrétienne,*
et à l'édification du Palais de Justice.

Quand on fait de la fortune un tel
usage, on mérite évidemment ses faveurs
les plus précieuses.

XXVII

Mais la biographie ne doit pas nous faire oublier la statistique et l'histoire commerciale.

On ne suppose pas que nous puissions avoir la pensée de jeter la moindre défaveur sur les établissements rivaux de celui qui nous occupe. Il y a, dans le nombre beaucoup de maisons amies qui doivent être un jour l'objet sérieux de nos études; mais la vérité, comme l'ordre hiérarchique, nous force à placer en première ligne celle de messieurs Moët et Chandon.

Dès le début de cette maison de commerce, et si l'on se reporte à l'époque où Jean-Remi Moët jetait les premières bases de la vente et de l'exportation des vins de Champagne, — c'est-à-dire il y a environ quarante ans, — on n'expédiait, année commune, que cinquante mille bouteilles environ.

Aujourd'hui le chiffre de ces expéditions s'élève annuellement à près de douze cent mille bouteilles.

Le personnel attaché à l'exploitation et à la culture des vignes est immense.

Messieurs Moët et Chandon, comme tous les négociants de premier ordre, veulent que tout ce qui constitue leur commerce soit confectionné sur place. Pas une commande concernant les bureaux et les caves qui ne s'exécute dans la ville même et par la population ouvrière.

C'est le moyen de se concilier l'estime et l'affection d'un pays.

On compte chez messieurs Moët et Chandon trois cents travailleurs à gages fixes, qui, tous les jours, donnent leurs soins à la prospérité des maîtres. Cette armée d'employés, de cavistes et de vignerons, a des lieutenants exercés, prompts à l'œuvre et remplis d'intelligence, pour la confection et le mariage des cuvées, et l'ensemble de la manutention des vins.

Là, tout le monde a du zèle.

Chacun est à son poste à l'heure dite; le travail s'organise militairement, et le plaisir ne passe jamais avant le devoir.

— Qu'on me charge de pacifier l'Amérique, j'entre en campagne aujourd'hui même! disait un jour X***, probablement après avoir dégusté plusieurs échantillons (ce qui est du ressort de ses fonctions) et établi entre eux de savants parallèles.

— Comment feriez-vous? lui dirent ses camarades.

— Vous me le demandez? Parbleu, j'embarquerais avec moi tous mes hommes. Bon chef, bons soldats!

— Ensuite?

— Nous emporterions l'arsenal complet de la maison Moët et Chandon, et vogue le navire! On débarque; je me précipite avec ma troupe, les armes à la main, entre les camps ennemis. En avant la mousquetade! Feu sur toute la ligne! Bouchons en l'air! Tendez vos flûtes, messieurs les Américains.... et tout est dit! Je ne vois pas d'autre chaînon pour river le Nord au Sud.

XXVIII

Il y a eu six ans, au mois d'avril, qu'on inaugura le cellier monumental, appelé *empaillage* *.

C'est un immense parallélogramme, où viennent se réfugier ces millions de bouteilles, enlevés de la cave qui, pendant plusieurs années, leur a servi de

* L'*Illustration* du 23 août 1862 a donné le dessin de ce gigantesque cellier, celui des caves et des diverses habitations de ville et de campagne de la famille, avec un article que nous reproduisons comme complément de ce livre. (*Notes et Pièces justificatives* — D.)

berceau, pour venir recevoir leur chaperon doré, leur étiquette splendide, leur enveloppe et la ceinture de paille qui les protège contre tous les chocs.

On les couche ensuite dans ces caisses de peuplier, ou ces paniers d'osier, que le commerce emporte et distribue à tous les vaisseaux marchands qui font le tour du globe.

L'inauguration se termina par un banquet magnifique, offert aux employés et ouvriers, et présidé par M. Victor Moët.

Ses associés, messieurs Gabriel et Paul Chandon, et monsieur Auban, son gendre, prenaient part à la fête. C'était vraiment un spectacle extraordinaire que celui de ces trois cents invités, joyeux et pétillants comme le vin qui moussait dans leurs coupes. Cette vaste métropole du travail, transformée en salle de festin, retentissait de chants sonores et d'exclamations d'allégresse.

Monsieur Paul Chandon porta un toste de circonstance qui électrisa les convives, et prouva victorieusement que le champagne est le vin de la gaieté et de l'esprit.

Comme tous les établissements qui ont la vogue, la maison Moët et Chandon devait avoir ses contrefacteurs.

Des spéculateurs, aussi mal avisés que peu délicats, expédièrent de l'autre côté de la Manche des vins à la marque de cette maison. Combien de temps dura la fraude? Quelle masse de liquide expédia-t-elle? On l'ignore.

Toujours est-il qu'elle fut constatée.

Un jugement en police correctionnelle condamna les coupables à trente-cinq mille francs de dommages et intérêts.

Ni monsieur Victor Moët, ni ses associés ne voulurent profiter du bénéfice de cette condamnation. Vingt mille francs furent versés à la caisse de l'hospice, deux mille à celle du bureau de bienfaisance, et l'on opéra le partage du reste entre le personnel des bureaux et des caves.

Un pareil fait n'a pas besoin de commentaires.

S'il nous fallait dire tout ce que cet heureux commerce des vins de Champagne procure de bien-être dans notre pays, un volume entier ne suffirait pas.

Les immeubles, et surtout les vignes, première richesse du sol, ont augmenté depuis un demi-siècle dans des proportions fabuleuses. Partout se créent de nouvelles maisons de commerce, des fabricants de bouchons, des ateliers de construction pour les machines à boucher, des appareils à agraffes, etc. La chromo-lithographie s'applique à imprimer des étiquettes élégantes, dont les artistes font le dessin sur place, sans avoir recours, comme autrefois, à Paris ; tous les bras s'occupent, toutes les industries prospèrent.

Et à qui doit-on ce merveilleux développement du travail ?

A l'homme célèbre dont Epernay honore la mémoire ; à son fils, M. Victor Moët, aussi intelligent, aussi actif, aussi désintéressé que son père, comme lui bienfaiteur de la ville, et sur la poitrine duquel on s'étonne de ne pas voir les insignes honorables qui lui sont dûs à plus d'un titre.

Le premier Empire a payé sa dette ; le second Empire, gardons-nous d'en douter, paiera bientôt la sienne *.

Comme le disait si éloquemment M. de

---

* Nos prévisions se sont réalisées ; M. Victor Moët a reçu la croix-d'honneur des mains de S. M. l'Impératrice, lors de son passage à Epernay, le 14 juillet 1866.

Vezine Larue, aux obsèques du fondateur de nos prospérités commerciales :

« Ne sont pas seuls bons serviteurs
» du pays le militaire qui arrose de son
» sang les champs de bataille, le magis-
» trat qui rend la justice aux faibles
» comme aux forts, le fonctionnaire
» qui consume sa vie à veiller à l'exé-
» cution des lois. Celui-là aussi sert
» bien la France, qui, par un commerce
» intelligent et probe, rend tous les
» peuples étrangers nos tributaires, et
» contribue ainsi au développement de
» notre richesse nationale. »

Ce que le premier magistrat de l'arrondissement disait du père, nous devons le répéter en parlant du fils, dont
la modestie en souffrira peut-être.

Mais la reconnaissance de nos concitoyens parle avec nous, et plus haut
que nous.

NOTES & PIÈCES JUSTIFICATIVES

A

L'Empereur Napoléon Ier, à l'occasion de l'anniversaire de son sacre et de son couronnement, avait témoigné le désir de voir dans chaque commune la célébration du mariage d'une fille honnête et pauvre avec un militaire retiré. Monsieur J. Moët obtint du Conseil municipal une dot pour la mariée, fournit lui-même un trousseau complet, et paya les frais et les cadeaux de noce.

« Dès le matin plusieurs salves d'artillerie annonçaient la fête. Le mariage

eut lieu solennellement d'après le vœu
de l'Empereur, et la soirée se termina
par des bals et des illuminations. » —
6 *décembre* 1807.

* *

Les flottes anglaises menaçaient nos
côtes, et le premier bataillon des gardes
nationales, requises dans le département de la Marne pour marcher à la
défense de nos frontières, venait de se
mettre en marche sous la conduite du
major du 10ᵉ régiment d'infanterie de
ligne.

Épernay formait ses cadres. M. J. Moët
s'occupait de ce travail avec le zèle
infatigable qu'il déployait en toute circonstance.

Son premier adjoint, M. Perrier-Fissier,
voulant, lui aussi, donner une preuve de

son attachement à la dynastie impériale, offrit de lui-même, et sans y être aucunement contraint par la loi, un garde national pour représenter son fils dans l'un des deux bataillons de la Marne.

Ce jeune homme était M, Perrier-Jouët, père du maire actuel *.

« Il n'était ni désigné, ni susceptible de l'être, dit le *Journal d'Epernay* (septembre 1809); mais ne pouvant marcher en personne, malgré le désir qu'il avait de voler à la défense de nos côtes, son père a pris le parti de le faire remplacer, et cet acte de civisme l'honore aux yeux de tous. Il est beau de voir un fonctionnaire public, dont la vie est

---

* La famille Perrier doit être classée aussi parmi les bienfaiteurs de la ville d'Epernay. Nous nous proposons de lui consacrer également un petit volume qui sera le corollaire de celui-ci.

déjà consacrée aux soins et vouée aux fatigues de l'Administration, donner ainsi l'exemple du sacrifice et du dévouement à la patrie. »

B

11 *Février* 1814. — RÉSISTANCE HÉROÏQUE D'ÉPERNAY.

La petite ville d'Épernay, attaquée le 11 février, nous fournit un trait d'héroïsme, que M. Giraud, dans sa *Campagne de Paris,* retrace avec tout l'enthousiasme d'un cœur vraiment français. « Elle n'avait, dit cet écrivain, que 60 hommes de gardes nationales armées; et un corps-de-garde de huit hommes tenait le pont. La sentinelle tua deux cavaliers qui cherchaient à la surprendre; les huit hommes sortirent : il était nuit, et 2,000 cavaliers ennemis, attaqués par ces huit hommes, s'enfuirent à une lieue et demie, jusqu'aux bois de Reims. Le lendemain ils revinrent ; mais les habitants, sans forces réelles, et seulement guidés par le patriotisme de leur Maire, M. Moët, surent persuader à l'ennemi qu'ils étaient en état de défense, et firent un arrangement par lequel ce dernier consentit à ne point occuper la ville, moyennant qu'elle fournirait à tous ses besoins, ce qui fut exécuté avec le plus grand soin. »

(*Tablettes militaires. —* 1819.)

Le 16 mars 1814. — ATTAQUE D'EPERNAY.

Dans le temps que l'empereur Napoléon, avec le gros de l'armée française, prenait quelques jours de repos à Reims après en avoir chassé le corps allié du comte de Saint-Priest, un parti russe se présentait devant Epernay, ville ouverte sur la Marne, et défendue seulement par soixante gardes nationaux. Toutefois les habitants s'étant joints à eux, ces intrépides citoyens firent si bonne contenance, que l'ennemi se retira. Mais il revint bientôt soutenu de forces plus imposantes, et attaqua vivement Epernay de tous côtés. Le combat dura plusieurs heures sans que les alliés pussent pénétrer dans la ville dont les issues avaient été barricadées. Vainement ils sommèrent plusieurs fois les habitants, leur courage fut inébranlable; et le lendemain ils contenaient encore l'ennemi à l'extérieur, lorsque Napoléon, venant de Reims avec l'armée, les délivra.

Pour témoigner sa satisfaction aux habitants de leur courageuse résistance, Napoléon donna la décoration de la Légion d'Honneur à M. Moët, maire de la ville, dont le patriotisme et l'activité avaient particulièrement contribué à cette glorieuse défense.

(*Ephémerides militaires*, depuis 1792 jusqu'en 1815.)

* *

Le 21 mars 1814. — COMBAT D'EPERNAY.

Nous avons vu au 16 mars comment la ville d'Epernay, par le seul secours de ses braves habitants, parvint à se maintenir contre l'ennemi jusqu'à ce qu'elle fut dégagée. Après le passage de l'empereur Napoléon, qui se portait avec l'armée de l'Aisne sur l'Aube, le général Vincent, avec un corps volant de cinq cents hommes d'infanterie et cent vingt-cinq chevaux, fut laissé dans cette ville pour entretenir les communications avec les corps des maréchaux Mortier et Marmont, restés devant l'armée alliée, dite *de Silésie*.

Le 21 mars, le général Tettenborn envoya au point du jour deux régiments de Cosaques avec deux pièces d'artillerie pour s'emparer d'Epernay. Bien que le général Vincent n'eût point de canon, espérant être soutenu par les maréchaux Mortier ou Marmont, il ne voulut point céder son poste, et disposa sa défense.

Secondé par la garde nationale de la ville, à laquelle le maire, M. Moët, communiquait sa patriotique ardeur, le général Vincent se maintint jusqu'à deux

heures après midi ; mais alors le corps
ennemi du général Winzingerode s'é-
tant présenté par la route de Reims, et
passant la Marne au gué de Damery, le
petit corps français fut coupé de la
grande route de Château-Thierry. Le
général Vincent, n'ayant pas un instant à perdre, se retira sur Dormans
par la forêt de Vauciennes, et aban-
donna Epernay. Les alliés, irrités de la
résistance des habitants dans les deux
journées des 16 et 21 mars, livrèrent
au pillage cette ville infortunée, à laquelle aucun excès ne fut épargné.

(*Ephémérides militaires*, depuis 1792
jusqu'en 1815.)

C

Observations du Maire de la Ville d'Epernay, sur la Construction de l'Eglise.

Avant de quitter un poste que des difficultés, des oppositions et des contrariétés ont rendu pour moi trop pénible, j'éprouve le besoin de confier une dernière pensée sur la restauration de l'Église, et de laisser, après moi, un conseil que je crois salutaire.

Cette restauration sur les plans donnés, doit s'élever, d'après le devis, à la somme de 273,400 fr.; il est actuellement évident que les omissions, les mécomptes sur la reprise des matériaux et les frais non prévus de l'intérieur, doivent élever la dépense totale à une somme énorme, et qu'avec deux tours gigantesques, on aura une Église d'un mauvais style, du plus mauvais goût, et cela, pour le mérite de la conservation des piliers massifs de la nef, sans grâce comme sans ornements : mais l'amour-propre et quelques intérêts de parti maintiennent encore l'exécution d'un plan, qui n'aura pas même le mérite de la solidité, puisqu'il s'établit sur une portion de vieux murs.

Cependant aujourd'hui que le renvoi et le rejet par le Conseil des bâtiments offre à la ville la faculté de revenir sur ces premiers plans, et d'en proposer un autre qui serait facilement et plus promptement adopté, parce qu'il devrait être meilleur, je pense qu'un si grand intérêt mérite bien qu'on dépose toute prévention, tout amour-propre, et qu'en se renfermant un peu plus dans la juste pensée d'essayer de faire une

meilleure chose, on veuille écouter,
peser et réfléchir avant de s'embarquer
dans une mauvaise route.

Je suis donc, plus fermement que
jamais, persuadé qu'on peut tirer un
grand avantage des énormes piliers de
la nef, tous faits et disposés dans le
local le plus avantageux, ponr donner
à la ville une belle et superbe Halle
dont elle a tant besoin, et cela, presque
sans dépenses ; car la toiture et la charpente ne sont pas encore entamées : on
sait comme cette charpente est établie ;
elle peut, telle qu'elle est, durer soixante
ans et au-delà ; sa démolition ne don-
nera que des bois de peu de valeur,
comme les charpentes du chœur, déjà
démolies, le prouvent et le mettent en
évidence. En dotant la ville d'un établissement de plus, la vente des terrains autour, aiderait d'autant aux
frais de construction d'une Église neuve,
sur un plan uniforme, dans un style

moderne, d'une nouvelle architecture, dont il serait facile de mettre le plan au concours ; il s'agit seulement de choisir un autre local pour cette construction.

Il s'en présente deux : le premier obligerait d'acheter le pâté de maisons sur le Marché au Blé ; ce projet serait plus dispendieux et présenterait peu d'avantages, l'exécution en serait plus difficile et plus reculée, d'ailleurs je doute qu'il y ait assez de largeur.

Le second emplacement, bien préférable sans doute, serait le bas Jard ; là il n'y aurait pas de dépenses d'acquisition, et on pourrait construire avec les matériaux de la vieille Église, et faire marcher ensemble la construction et la démolition. Le portail ne devrait pas dépasser les deux premiers arbres près les barrières ; la façade présenterait un grand développement ; on abbattrait quelques lignes d'arbres de chaque côté, pour donner plus d'élargissement

autour de l'Église, ce qui offrirait, par
la suite, des terrains propres à bâtir
deux belles lignes de maisons parallèles
aux plans de l'Église, avec deux rues;
on placerait aisément le nouveau pres-
bytère à proximité, ce qui rendrait plus
complète la jouissance et le développement de l'Hôtel-de-Ville actuel.

On aperçoit facilement quel parti on
tirerait de la vente des terrains de la
vieille Église, tant du chœur, du sanc-
tuaire et de la sacristie, que des bas-
côtés qui formeraient autour de la nouvelle Halle d'utiles constructions accessoires, dont les propriétaires voisins et
d'autres spéculateurs se disputeraient
l'acquisition : ainsi, sans plus de dépenses, puisque la vente des terrains
offrirait les plus grandes ressources
pécuniaires, on aurait une belle Église
neuve, et une superbe Halle d'une assez
grande valeur. Déjà la pensée prévoit
dans l'avenir tous les avantages à tirer

de ce projet pour la ville, dont la population et le commerce s'agrandissent annuellement, et qui manque, dans son intérieur, de terrain pour s'étendre.

On pourrait, sans grande dépense, jeter un pont léger et de pied sur les fossés de la rue des Berceaux, pour la communication des faubourgs et des rues de la porte Saint-Thibault.

Ce nouveau projet est susceptible de beaucoup de developpement. Il serait nécessaire, pour en bien saisir les avantages, de présenter à l'appui un plan de l'emplacement proposé pour la construction de l'Église neuve, et des terrains accessoires propres à bâtir, avec des rues autour ; la vente en serait avantageuse, et donnerait des ressources d'argent. Il faudrait également dresser un plan des terrains laisses libres autour de la Halle proposée, et sur l'emplacement de la vieille Église ; la dépense de ces deux plans serait peu dispendieuse.

Pour l'exécution de ce nouveau projet, il y a à combattre des objections.

La première, c'est que l'Église ne sera
plus au milieu de la ville, et qu'elle sera
plus éloignée pour le quartier du faubourg Saint-Laurent ; mais c'est un éloi-
gnement peu sensible, et ce faubourg
jouit d'une chapelle, que le zèle doit
agrandir et bientôt doter d'un chapelain.
Dans l'état actuel, les faubourgs de la
Folie et du Pont sont plus éloignés de
l'Église que celui de Saint-Laurent, et la
ville tend plus à s'agrandir du côté où
sont déjà les grands établissements de
commerce. D'ailleurs, la distance mesu-
rée de la dernière maison du faubourg
de Paris jusqu'à l'emplacement proposé
pour une Église neuve, comparée avec
la distance de la première maison du
faubourg de la Folie jusqu'à cet emplacement, ne présente qu'une différence
de trente pas de marche, environ vingt-
quatre mètres.

On sait combien les maisons et les logements sont rares et chers dans l'intérieur de la ville, resserrée par ses remparts et ses fossés; le projet ferait sortir de cette gêne et favoriserait l'augmentation de la population, l'agrandissement du commerce et de l'industrie, en offrant plus de moyens de s'y établir.

Une seconde objection, c'est que le projet, en transportant le Marché au Blé dans la nouvelle Halle, déplacerait les intérêts des marchands et propriétaires établis sur cette place : mais on leur rendrait le Marché aux herbes, légumes, beurre, œufs, viande de boucherie, volailles, poterie, faïencerie, etc., qui se tient sur la place de la vieille Eglise. Cette dernière place n'offre presque pas de boutiques, et l'entrée de la nouvelle Halle par le petit portail est si près des marchands de la rue Saint-Martin et de la place du Marché au Blé actuel, qu'il faudra toujours que les acheteurs vien-

nent là où sont les moyens d'acheter :
d'un autre côté, l'intérêt particulier
dont s'agit, n'affecte pas un dix-neuf
vingtième des habitants; et si pour des
intérêts si minimes il fallait renoncer à
d'immenses avantages pour le reste de la
population, il n'y aurait dans la ville
aucun changement, aucun agrandissement, aucune amélioration possibles. Il
faudrait paralyser et concentrer dans
nos murs antiques, toutes les aisances et
les commodités d'une plus grande socia-
bilité, et arrêter les progrès de la population, de l'industrie et du commerce.

Ce nouveau projet, à peine communi-
qué, a déjà donné lieu à la calomnie de
s'agiter. On répond avec persévérance
que mon opposition constante à l'exécution des premiers plans de l'Église,
généralement jugés trop dispendieux,
aujourd'hui justement condamnés par le
Conseil des bâtiments, est l'effet d'une
intention de ma part d'empêcher la re-

construction de l'Église. Cette accusa-
tion, aussi fausse qu'absurde même, est
suscitée par un amour-propre particulier
qui croit avoir inspiré les premiers plans.
J'écarte de moi le soin d'y répondre *.

Déjà aussi une réclamation, revêtue
des signatures de quelques habitants
propriétaires établis sur la place actuelle
du Marché au Blé, nous a été présentée.
Une grande partie des motifs sur lesquels s'appuie cette réclamation, sont
déjà victorieusement combattus ci-des-

* D'après l'avis du Conseil des bâtiments
on présente un nouveau plan plus sage,
moins vaste, avec la suppression de la croix
grecque et une réduction de dimension dans
les deux tours; ce plan doit diminuer la dépense du premier. Depuis un an je n'ai cessé,
et toujours sans succès, de demander, de sol-
liciter cette réduction salutaire; la force des
choses conduit aujourd'hui à la nécessité de
l'adopter, si le projet présenté ici est rejeté.

sus. Je sais que l'on a laissé ignorer aux signataires et aux intéressés, que le projet doit leur rendre, en compensation du Marché au Blé transporté à la nouvelle Halle, le Marché aux légumes, volailles et autres objets, aujourd'hui établi sur la place de la vieille Église. Malgré cette circonstance, on n'a pu obtenir en faveur de la réclamation que soixante-dix-sept signataires : il n'y a pas de doute que si l'on employait le même moyen en faveur du projet, on obtiendrait une immense majorité.

On avance, dans la réclamation, la difficulté des fondations de la nouvelle Église sur le Jard, où l'on prétend qu'il a existé autrefois de profondes excavations pour les anciennes fortifications de la ville ; je puis être compté, par mon âge, parmi les anciens, et c'est la première fois que j'entends parler de ce fait. Cela me paraît une supposition, une allégation au moins jusqu'à preuve

contraire *. Il est facile de le vérifier
avec la sonde; et s'il y avait effective-
ment de telles profondeurs de terrains
qu'elles dussent notablement affecter
d'une trop forte dépense l'établissement
de la nouvelle Église, sans doute il faudrait y renoncer; mais toujours est-il
vrai que le nouveau projet présente des
avantages évidents, et qui méritent bien
d'être pesés et jugés avec impartialité.

Résumé de ces avantages :

1° Une superbe Halle, toute placée,
toute faite, presque sans dépense, au-
dessus de laquelle de superbes gre-
niers peuvent être établis pour rassem-
bler des blés, loger les vendangeurs,

---

* Nous ne voyons trace, dans les archives,
que d'un ancien ravin comblé depuis qui existait dans le jardin des Arquiers, où se trouvaient les fortifications dont on veut parler.
Cet emplacement est à une assez grande distance du bas Jard.

et être, employés à d'autres objets d'utilité publique;

2° Une belle Église neuve, dans le style et le goût moderne de celles d'Italie, dont la dépense, au rapport de plusieurs architectes, même de M. Mazois, l'un des plus distingués, si universellement regretté; dont la dépense, dis-je, n'excéderait pas celle que l'on va sacrifier pour refaire en partie une Église sur des vieux murs, et rhabiller des piliers matériels du plus mauvais genre, sans style, sans ornements, forts bons pour une Halle, et barbares pour un édifice religieux;

3° Des ressources pécuniaires, si précieuses, par la vente des terrains accessoires, tant de la vieille Eglise que de ceux pour l'avenir, que présente l'emplacement de la nouvelle : ces ressources soulageraient la ville, obérée pour tant d'années, et épuisée par l'augmentation de ses octrois, et tendraient à diminuer

la masse des emprunts dont les rem-
boursements devront peser sur elle
pour vingt-cinq ou trente ans.

Enfin, il me reste à répondre encore
à deux objections présentées dans la
réclamation. Le nouveau projet tend,
dit-on : 1° à diminuer l'étendue des
promenades ; mais cette perte est bien
compensée par l'augmentation plus considérable qu'on leur a donnée ; 2° il serait inconvenant de voir établir les
danses et les jeux si près de l'Église ;
mais ces divertissements seraient naturellement reculés et bien éloignés, en
les transportant dans le vaste terrain
du plat-fond des nouvelles promenades.

Au reste, en soumettant un nouveau
projet que je crois bon et utile, que l'on
a la faculté de rejeter, et que les autorités supérieures peuvent juger, il me
restera la consolation d'avoir, avant ma
retraite, rempli un dernier devoir en-
vers mes Concitoyens ; et, s'il pouvait

être adopté, j'éprouverais une des plus grandes jouissances de ma vie, celle d'avoir contribué à quelque bien. En le laissant opérer par d'autres, je regretterais que des circonstances particulières ne m'aient pas permis d'y concourir davantage.

Fait à Epernay, le 13 mars 1827.

J. MOET.

D

ARTICLE DE L'ILLUSTRATION

(Août 1862)

C'est Hautvillers qui est le berceau du champagne. L'abbaye d'Hautvillers,

brûlée au seizième siècle pendant une
guerre de religion, eut encore deux
siècles de repos et de prospérité. La
révolution en a chassé les moines. Aujourd'hui le terrain et les vignes de l'abbaye, sont la propriété de M. Chandon
de Briailles, le neveu et l'associé de
M. Moët. Si les bénédictins ne sont plus
là pour faire valoir les crûs qu'on nom-
mait Trésor des moines, aujourd'hui une
grande maison industrielle, à réputation
européenne, conserve religieusement la
tradition des anciens religieux. L'*Illustration* reproduit la vue d'Hautvillers
avec les constructions profanes qui ont
remplacé l'antique abbaye, dont l'église,
avec ses beaux tableaux subsiste encore.
M. Chandon de Briailles conserve pieusement tout ce que la tempête révolution-
naire a laissé debout du monastère pro-
prement dit.

La maison Moët et Chandon, puisque
l'abbaye d'Hautvillers m'a conduit à en

parler, a suivi toutes les péripéties des événements politiques du commencement de ce siècle. Napoléon Ier aimait beaucoup M. Moët père; et il le lui prouva en mettant souvent pied à terre dans sa maison à Epernay, et en y passant la nuit. L'*Illustration*, dans un des dessins qui accompagne ces lignes, donne l'image de cette maison, devenue historique (c'est le bâtiment du fond qu'habita Napoléon). Tant que dura le règne de l'Empereur, la prospérité de la maison de M. Moët allait toujours en croissant; mais elle suivit bientôt les vicissitudes politiques du grand homme.

On sait comment les alliés furent arrêtés par la patriotique Champagne. Les princes, rois et empereurs affectèrent de loger dans les mêmes endroits où avait logé le conquérant. Epernay dut à cette idée d'échapper au pillage ; mais M. Moët, qui fut plus spécialement honoré par les souverains étrangers et dont il

n'eut qu'à se louer, courut un danger
bien sérieux. Les états-majors alliés goû-
tèrent ses vins mousseux, c'était nouveau pour gens venant de si loin ; cela
leur parut bon et ils vidèrent littérale-
ment les caves de l'ancien ami de Napoléon Ier. Tout autre se fût plaint, eût
gémi ; M. Moët, loin de se récrier, sembla
sourire gaiement à sa ruine et vider ses
caves du plus grand cœur. Comme un
ami lui en fit l'objection, il lui répondit
avec esprit : « Que voulez-vous, mon
cher, quand le mal est inévitable le plus
grand talent consiste à trouver une
source de bien dans ce mal même. Tous
ces officiers qui me ruinent aujourd'hui,
feront peut-être ma fortune demain. Si
je gémissais, si je me lamentais, on ne
conserverait de moi qu'un mauvais souvenir. Je souris, au contraire à la spolia-
tion dont je suis l'objet, et je me fais de
tous ceux qui boivent mon vin autant
de commis-voyageurs qui, en rentrant
dans leurs patries lointaines, feront
l'article pour ma maison. »

Les officiers alliés vidèrent à M. Moët *plusieurs centaines de mille de bouteilles;* mais M. Moët eut une clientèle européenne sans mettre un seul voyageur de commerce sur les grandes routes.

Aujourd'hui la maison Moët et Chandon possède d'immenses propriétés et expédie par millions de bouteilles son vin mousseux aux quatre coins du globe. L'*Illustration,* en reproduisant la coupe et le plan des caves de M. Moët à Epernay, veut, par ce spécimen, donner une idée des proportions gigantesques des établissements sparnaciens. Les caves de MM. Moët et Chandon sont un dédale inextricable de galeries tantôt hautes et maçonnées, tantôt creusées dans le roc. Ces dernières sont les anciennes caves. La superposition des caves et leur communication avec les celliers n'en est pas le caractère le moins intéressant. Le développement des galeries mesure plusieurs kilomètres.

Ce qui distingue par-dessus tout la maison Moët et Chandon, c'est la possession des plus fins crûs de la rivière et même de la montagne. La fortune et la prospérité ont fait de la propriété de chacun de ces crûs un domaine, un château. Hautvillers est à M. Chandon de Briailles. J'ai parlé longuement de l'intérêt historique qui s'attache à cet antique monastère, berceau du vin mousseux. Je n'y reviens donc que pour les citer à la tête des belles propriétés de MM. Moët et Chandon.

Saran est la propriété favorite de M. Moët. Adossé à un coteau boisé et giboyeux, le château de Saran domine toute la vallée de la Marne, que l'œil embrasse depuis Epernay jusque dans l'horizon bleu vers Chàlons. Cette vallée offre le plus riant panorama. Hautvillers, Epernay, Ay, Sillery et bien d'autres localités, vous montrent coquettement leurs villas et leurs vignobles. La Marné

traîne son fil d'argent au pied de ces
coteaux en renom, et de temps à autre
le chemin de fer de l'Est promène de
long en large son panache de fumée. Au
pied de Saran, des vignes en renom se
prélassent au soleil et remplissent en
automne les celliers de M. Moët.

La propriété de Romont est située
dans la contrée qu'on appelle la *Montagne,* à six ou sept lieues d'Epernay.
Dans la direction de Reims, elle est également entourée d'excellentes vignes qui
faisaient partie des immenses propriétés
de M. J. Moët, actuellement la possession
de M. Jean-Remi-Gabriel Chandon de
Briailles son petit-fils.

Victor FIÉVET.

FIN.

Je vous fais excuse, mon cher
Colbenie, si je viens vous prier de
venir un moment causer avec moi
sur bien des choses. Je voulais
bien vous aller voir, mais j'en
ai été empêché, le diable me
tient toujours la chaîne aux pieds.
Je pars à midi pour Romont
et je vous vous apparavois
Tout à vous

25 avril 18..